JN098438

造形表現・図画工作・美術

◆ 描く　つくる　育つ ◆

78 の技法

伊東知之［著］

福村出版

美術について

　人は，この地球上に誕生した先史時代より，絵を描いたり，彫刻をつくったりしてきており，それは今日まで絶えることなく続いています。フランスのラスコーやスペインのアルタミラ洞窟に代表される遺跡のように，先史時代の絵が今でも鮮やかに残っています。狩猟生活が中心のこの時代，食べる物も不自由で，常に危険が身近にありました。そのような時代でも人は絵を描いたり，彫刻をつくったりしています。つまり，人にとって美術はあってもなくてもどちらでもいいものではなく，生きていく上で必要不可欠なものであったといえるでしょう。人はなぜ絵を描き，彫刻をつくるのか。それは一言でいえば，祈りであり，自己確認であり，本能であるといえます。生きていくこと，それが美術なのです。

　また，今日でも私たちの身の回りにあるものは全て美術です。鉛筆にしても，机にしても，服も車も家もテレビも映画も，そして自然も全て美術です。私たちの身の回りで美術の要素のないものは一つもありません。ファッションもお化粧も美術で，誰もが毎日美術を行い，そして美術品を日常的に使っているのです。今日の私たちも美術なしでは生きていけないのです。

　そのような美術には感性が必要です。その感性を豊かにしていくことが大切になってきます。五感（視覚，聴覚，嗅覚，味覚，触覚）で感じ取ったものを視覚と触覚で表現していくのが美術です。聴覚で表現すれば音楽になります。

　そして，作品制作では，この感性と技術，素材の３つが必要になります。技術というと難しいことのように思いますが，鉛筆の持ち方や絵の具の溶き方も技術です。ある程度の技術がなければ作品をつくることはできません。そして紙や材料となる素材がないと作品は生まれません。つまり，美術ではこの感性と技術，素材感を豊かにしていくことが目的になります。そしてそれらは，体験でしか身につけることができません。才能があるとかないとかよりも，どれだけ作品をつくったかが重要となってきます。絵を10枚描いた人よりも100枚描いた人の方が上手になりますし，さらに1000枚描いた人の方がより上手になるのは当たり前のことです。

　美術や音楽など人は何かしらの方法で自分を表現して生きています。表現すること，それが人の特性であり，本能であり，生きていくことなのです。

2023 年 1 月

伊東知之

目 次

・ 美術について ……………… 3

1 鉛筆でグラデーションをつくろう …… 6

2 鉛筆で単色構成 ……………… 8

3 鉛筆で自分の手を描こう ……… 10

4 鉛筆で靴を描こう ……………… 12

5 鉛筆で瓶を描こう ……………… 14

6 鉛筆で静物を描こう …………… 15

7 鉛筆で人物を描こう …………… 16

8 鉛筆で顔を描こう ……………… 17

9 鉛筆で木を描こう ……………… 18

10 鉛筆で風景を描こう …………… 19

11 鉛筆で室内を描こう …………… 20

12 鉛筆で石膏像を描こう ………… 21

13 木炭で石膏像を描こう ………… 22

14 ドゥルーピング／ドリッピング
　（垂らし絵） ……………… 24

15 ブローイング／ドリッピング
　（吹き絵） ………………… 25

16 ローリング（転がし絵） ……… 26

17 デカルコマニー（合わせ絵） … 27

18 ストリング（糸引き絵） ……… 28

19 マーブリング（流し絵） ……… 29

20 チェンジング（変わり絵） …… 30

21 切り紙 ……………………… 32

22 色のメッセージ ………………… 36

23 かたちのイメージ① …………… 38

24 かたちのイメージ② …………… 40

25 バチック（はじき絵）①秘密の絵 … 43

26 バチック（はじき絵）② ……… 44

27 ステンシル（型抜き版画）①クレヨン … 46

28 ステンシル（型抜き版画）②タンポ … 48

29 シフティング ……………… 50

30 スクラッチ（ひっかき絵） …… 52

31 スクラッチ風切り絵 …………… 54

32 フロッタージュ（こすりだし） … 56

33 スタンピング（型押し版画）①
　たこひもはんこ …………… 58

34 スタンピング（型押し版画）②
　スチレンはんこ …………… 60

35 スタンピング（型押し版画）③
　身近な物で ………………… 62

36 写真でアート ……………… 63

37 スパッタリング／ブラッシング
　（ぼかし絵） ……………… 64

38 ちぎり絵① ………………… 66

39 ちぎり絵② ………………… 67

40 折り紙絵 …………………… 68

41 パピエ・コレ（貼り紙絵） …… 69

42 フォトコラージュ（写真貼り絵） … 70

43 コラージュ（貼り絵） ………… 71

44 ダイイング（染め紙） ………… 72

45 私の季節感 ………………… 74

46 紙版画 ……………………… 76

47 スチレン版画 ……………… 78

48 しましま絵 ………………… 80

49 浮き出るかたち …………… 82

50 ミクロの世界を描こう ………… 84

51 水彩で静物を描こう …………… 86

52　水彩で風景画を描こう ───── 87

53　ポップアップカード①パクパク ──── 88

54　ポップアップカード② ───── 89

55　ポップアップカード③ ───── 92

56　ポップアップカード④ ───── 94

57　紙コップロケット ───── 98

58　まとづくり ───── 99

59　割り箸鉄砲 ───── 100

60　飛ばして遊ぼう①
　　スペースシャトルⅠ ───── 102

61　飛ばして遊ぼう②ヘリコプター ──── 104

62　飛ばして遊ぼう③ ミニヘリコプターと
　　パチンコプレーン ───── 106

63　飛ばして遊ぼう④ 紙トンボ ──── 108

64　飛ばして遊ぼう⑤
　　スペースシャトルⅡ ───── 110

65　飛ばして遊ぼう⑥
　　ひらひらクルクル ───── 111

66　飛ばして遊ぼう⑦ フリスビー ──── 112

67　飛ばして遊ぼう⑧ UFO フリスビー ── 113

68　万華鏡をつくろう ───── 114

69　仮面をつくろう ───── 116

70　木工パズル ───── 118

71　空き瓶を使った風鈴①
　　つり下げタイプ ───── 120

72　空き瓶を使った風鈴②卓上タイプ ── 122

73　手漉きハガキの道具づくり ──── 123

74　手漉きハガキ ───── 124

75　パペット（腕人形） ───── 126

76　走るレースカー ───── 128

77　土鈴をつくる ───── 129

78　抽象彫刻をつくる ───── 130

1 | 鉛筆でグラデーションをつくろう

材料 画用紙　※画用紙の裏表，どちらが表でどちらが裏でしょう？

用具 鉛筆（B，2B，4B，6B）　※鉛筆のBは何のBでしょうか？

内容 鉛筆の濃淡でいろいろな色（グレー）をつくる。

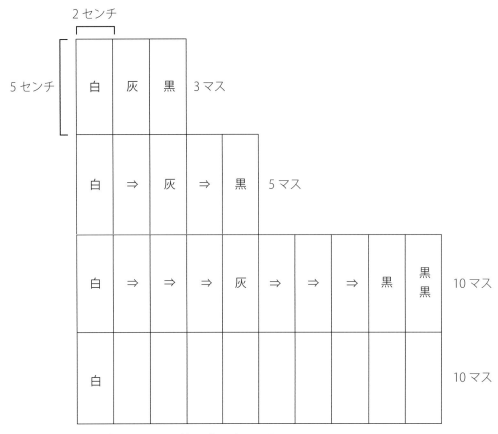

※一番下の段は鉛筆の線を残して描いてみる。

※となりの色とだけ比べているとよくわからなくなってくるので，全体を見ながらやる。
※鉛筆の種類も替えてみるともっと違う色が出てくる。
※目を細めたり，離したりして見てみよう。

まとめ

白から黒へだんだんと自然に変わっているか。
※鉛筆で絵（素描）を描くときはこのいろいろなグレー（色の調子）を忘れないように。

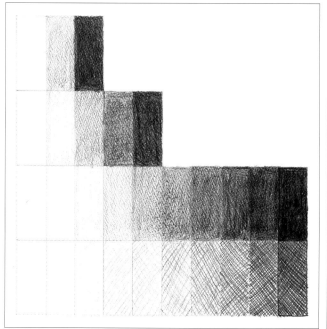 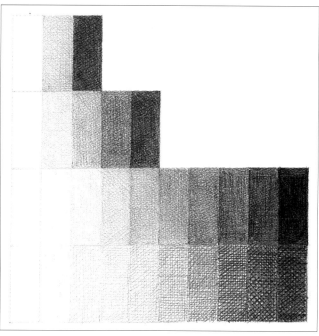

※左の白からだんだんと右の黒に近づいている。
※一番下は鉛筆の線をわざと残している。そうすると手で描いた手の動きが想像できて、いきいきと感じられる。

解説

・「黒黒」（下から2段目）は、9番目の黒をさらにくまなく塗りつぶしたり、Bの数字の大きい鉛筆を使ったりして、黒より黒い黒をつくる。
・色の調子（グレー）は素描（デッサン）でとても大事で、これによって物の立体感が表現できる。
・人の目は、白が近くに見えて、黒が遠くに見える。そのため中間の灰色の種類がたくさんあるほど立体的に感じる。いろいろな灰色がつくれるとそれだけ立体的な絵が描ける。
・また、鉛筆の描き方を変えることによっても感じが違ってくる。一番下の段はその違いを感じてみよう。
・あとは練習あるのみ！

豆知識

①画用紙はざらざらしている方が表で（描画材がつきやすいため）、すべすべしている方が裏。スケッチブックを開くと表が出てくる。触って確認してみよう。
②鉛筆のBは「Black」のB、2B→4Bのように数が大きくなるほど「黒い」。
③では鉛筆のHは何のHでしょう？　答えは「Hard」（硬い）。だからBは軟らかいということでもある。
④ではFは何のFでしょう？　答えは「Firm」（しっかりした）。
［鉛筆の硬さの順番］
9H/8H/7H/6H/5H/4H/3H/2H/H/F/HB/B/2B/3B/4B/5B/6B
硬い・薄い ◄─────────────────► 軟らかい・黒い

2 | 鉛筆で単色構成

材料 画用紙

用具 鉛筆，消しゴム，定規

内容 黒鉛筆による平面構成。（白黒の度合いでバランスを考える・白黒のもつ感覚。）

❶画用紙の中にひと回り小さい四角を描く。
　※定規を使って線を引く。

❷小さい四角の周りに①〜⑫までの番号を書く。
　※同じ辺に続き番号がないようにする。

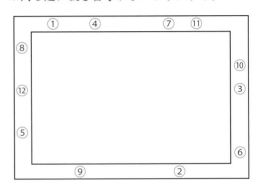

❸定規を使って番号順に線を結ぶ。

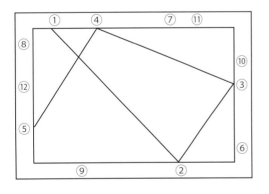

❹線で囲まれたところを鉛筆で塗る。
　※白があってもよい。
　※となりの色が同じにならないようにする。

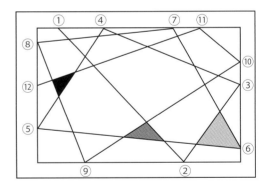

まとめ

白・黒・グレーのバランスが美しくなっているか？
※丁寧に描くことが大切。
※白のイメージ：近い，軽い，明るい
※黒のイメージ：遠い，重い，暗い

- グラデーションでできたグレーを全部使うと遠近感も出て奥深くなる。
- 白と黒の配置がポイント。
- コントラストを考えて，白と黒を配置する。
  白：膨張して見える→大きく見える。　黒：凝縮して見える→小さく見える。

豆知識

- 色の三要素（明度・彩度・色相→ p.37）
  明度：明るさの度合い　　　白：明度が最も高い色　　　黒：明度が最も低い色
  彩度：鮮やかさの度合い　　原色が最も彩度が高い
  色相：色のならび　　　紫→青紫→青→青緑→緑→黄緑→黄→黄橙→橙→赤橙→赤→赤紫→紫
- 色立体の中心軸に白から黒のグラデーションがある。
  色立体：色の三要素を立体で表したもの

作品例

3 | 鉛筆で自分の手を描こう

材料 画用紙

※紙の大きさを表す言葉や記号には以下のようなものがある。

全紙，半切，四つ切，八つ切，F，P，M，A，B（この本はA4，週刊誌はB5）

用具 鉛筆（B，2B，4B，6B），消しゴム

※シャープペンシル（mechanical pencil）は使わない。

内容 自分の手のデッサン（素描）。

※手の形は好きなように。「手」にはいろんな表情がある。ただし，形によっては難しいものがある。腕をまくって，手首まで描こう。

※手をパーの形で紙の上に置いて鉛筆でなぞるのはなし。

※デッサンの試験ではよくモチーフとして使われる。

〈デッサンで大切なこと〉

①形…正確なプロポーション（比率）。

※補助線を使ったり，実際に測ったりしてみる。

②立体感…調子（いろいろなグレー）。

※鉛筆のグラデーションを活かす。

③質感…モチーフ（素材）の材質感（テクスチャー）。

※モチーフに合うような鉛筆のタッチ（マチエール）の工夫。

④色感…グレーで色を表現。

※赤，青，黄など，どんな色も白黒写真を撮るとその色なりのグレーになる。

⑤生命感…いきいきとしている（モチーフの生命感というよりも制作者自身の生命感が表われる）。

※手の勢い（鉛筆のタッチ）を意識的に残す。

まとめ

上の①②③④⑤がうまく表現できたか。
※デッサンでは何よりも練習が大切。描いた絵の枚数がものをいう。
※何回も何回も描いて，描き続けましょう。

- 手の形は，パーの形が一番簡単。手のひら約4センチの厚み（立体感）を表現できればいいから。
- 一番難しい形は，指の先端から手を見たところ。指先から手首まで約20センチの立体感を表現しなければいけない。
- グーの形は，難易度は中間ぐらい。約10センチの厚み（立体感）を表現できればいい。
- 手のしわはあまり考えないで，それよりももっと大きな塊を意識することが大事。
- 影よりも立体感で考える。実際には明るくても暗くした方がより立体感が出るときは暗くする。見えるままを描くよりも，より立体感を出すための色の調子を考える。

F（Figure）　人物型	P（Paysage）風景型	M（Marine）海景型
S（Square）　正方形	SM　サムホール	全紙　727×545ミリ

────── 作品例 ──────

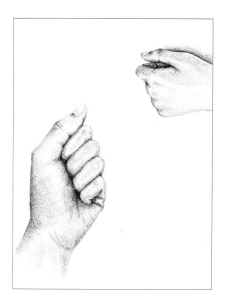

4 | 鉛筆で靴を描こう

材料 画用紙

用具 鉛筆（B，2B，4B，6B），消しゴム

　　※シャープペンシル（mechanical pencil）は使わない。

　　※いろいろな鉛筆を使ってみよう。

内容 静物（靴）のデッサン（素描）。

　　※靴は自分のものでなくてもいい。「靴」にその人の人生を感じるときがある。簡単な形を選ぶより，描
　　　きたい靴を選びましょう。

　　※下に新聞紙などを敷いて靴をのせる。

〈デッサンで大切なこと〉（もう一度確認しよう）

①形…正確なプロポーション（比率）。

　※補助線を使ったり，実際に測ったりしてみる。

②立体感…調子（いろいろなグレー）。

　※鉛筆のグラデーションを活かす。

③質感…モチーフ（素材）の材質感（テクスチャー）。

　※モチーフに合うような鉛筆のタッチ（マチエール）の工夫。

④色感…グレーで色を表現。

　※赤，青，黄など，どんな色も白黒写真を撮るとその色なりのグレーになる。

⑤生命感…いきいきとしている（モチーフの生命感というよりも制作者自身の生命感）が表われる。

　※手の勢い（鉛筆のタッチ）を意識的に残す。

まとめ

上の①②③④⑤がうまく表現できたか。

※デッサンでは何よりも練習が大切。描いた絵の枚数がものをいう。

※何回も何回も描いて，描き続けましょう。

豆知識

・画用紙などの紙の縦・横の比率は，黄金比。

　　黄金比は，1：1.618（1+$\sqrt{5}$×1/2）　　約5：8

　　白金比は，1：1.732（$\sqrt{3}$）　　　　　　約4：7

　　白銀比は，1：1.414（$\sqrt{2}$）　　　　　　約5：7

　　青銅比は，1：3.303（3+$\sqrt{13}$×1/2）　　約1：3

- デッサンで大切なのは，まず形。正確なプロポーション（比率）が描けないと形が整わない。
- 正確な形が描けるように，常に全体を見ながら描いていきましょう。
- ひもを描くのが難しいようだったら，ひものない靴を選ぶ。
- 次に大事なのは，立体感。
- 黒色は遠くに見えて，白色は近くに見える。そのため，中間の灰色の種類が多いほど立体的に見える。（グラデーションの応用。）

作品例

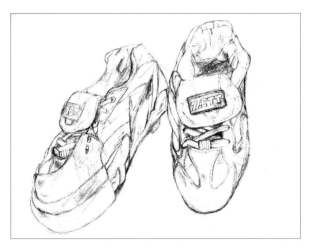

5 | 鉛筆で瓶を描こう

材料 画用紙

用具 鉛筆（B，2B，4B，6B），消しゴム

※いろいろな鉛筆を使ってみよう。

内容 静物（瓶）のデッサン（素描）。

※シンプルな形から面白い形までいろいろな瓶がある。描きたくなるような瓶を選ぼう。

※ガラスの素材感を表現する。

まとめ

できた絵の瓶を指ではじいてみよう。「キーン」と硬質な音が心に響くだろうか？

解説

・ガラスの透明感・素材感をどうやって表現するか。

・ガラスのもつ素材感は，硬さ，冷たさ，割れるはかなさ。

　透明感：光が反射しているところを消しゴムで消して表現。向こう側はややうすく描く。

　硬さ：直線をしっかりと描く。

・輪郭をシャープにしっかり描くと硬さが表現できる。

作品例

14

6 | 鉛筆で静物を描こう

材料 画用紙

用具 鉛筆（B, 2B, 4B, 6B），消しゴム

内容 静物のデッサン（素描）。

※静物のデッサンでは，硬いもの，軟らかいもの，いろいろな素材の質感を表現する。

解説

構図（配置）も大事。バランスよく配置して，空間を意識する。

豆知識

絵画では，モチーフとなる物は「静物」という。「静物」の「静」は「静止」の「静」。「生物」と間違えないように。野菜や果物も「静物」になる。

作品例

7 | 鉛筆で人物を描こう

材料 画用紙

用具 鉛筆（B，2B，4B，6B），消しゴム

内容 人物のクロッキー（Croquis）。（クロッキーは10分程度ですばやく仕上げる。）

※スケッチ（Sketch）・デッサン（Dessin）・ドローイング（Drawing）は10分以上かけて描く。

※すばやく描くものやじっくり描くものがある。モデルを依頼する。

──────────────── 作品例 ────────────────

8 | 鉛筆で顔を描こう

材料 画用紙

用具 鉛筆（B，2B，4B，6B），消しゴム

内容 人の顔を描く。

　※モデルを依頼したり，鏡に映した自分の顔を描いたりする。互いに描き合う相モデルも。

解説

・よく観察して描く。よく見て描けば自然とその人に似てくる。似せようと思わないことが大事。
・目の位置は頭頂部から顎までのちょうど真ん中。耳の付け根と同じ高さ。
・長さの比は，額：鼻：鼻の下から顎先＝１：１：１となる。

-------------------- **作品例** --------------------

9 | 鉛筆で木を描こう

材料 画用紙

用具 鉛筆（B，2B，4B，6B），消しゴム

内容 木のデッサン・スケッチ。

※実際の木を見て描くのが理想的であるが，できないときは写真を見て描く。

解説

・木は風景を描くときにほぼ必ず描かれるものの一つ。木の表現ができないと風景画が描けない。
・木を観察していると，面白い形が見つかる。
・葉をどのように表現するか。1枚1枚描かなくても葉を表現できる。
・木の表情は季節によって変わる。

作品例

10 | 鉛筆で風景を描こう

材料 画用紙

用具 鉛筆（B, 2B, 4B, 6B），消しゴム

内容 風景デッサン・スケッチ。

※実際に風景を見ながら描くのが理想的であるが，できないときは写真を見て描く。

※いろいろな遠近法を用いる。一点透視法，空気遠近法など（→ p.20）。

※木の表現（→ p.18）が活きてくる。

作品例

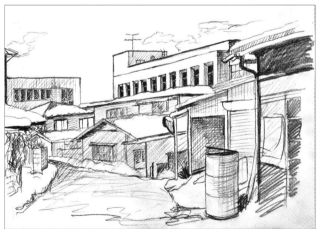

11 | 鉛筆で室内を描こう

材料 画用紙

用具 鉛筆（B，2B，4B，6B），消しゴム

内容 屋内のスケッチ。

　　※実際に見て描くのが理想的であるが，できないときは写真を見て描く。

〈様々な遠近法〉

①一点透視法　　　　　　　②二点透視法　　　　　　　③三点透視法

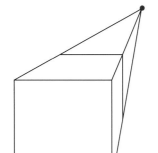

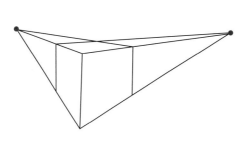
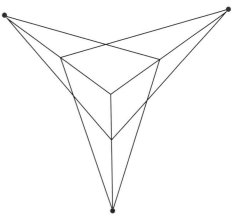

④空気遠近法

・遠くのものほど色が薄くなる。
・遠くのものほどぼんやりする。
・近くのものほどはっきりする。

作品例

12 | 鉛筆で石膏像を描こう

材料 ケント紙

用具 鉛筆（B，2B，4B，6B），消しゴム，スケール，糸（黒），五円玉，スポーク，カルトン，イーゼル

内容 鉛筆の石膏デッサン。

❶垂直器をつくる。
　※五円玉に黒の糸（40センチくらい）を結ぶ。

❷カルトンにケント紙をクリップでとめる。

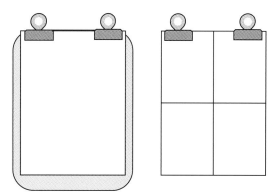

❸イーゼルにカルトンを置く。
❹ケント紙に鉛筆で中心線を描く。
❺スケールをのぞきながら鉛筆で描いていく。

豆知識

・カルトン：画板　　・イーゼル：画架
・垂直器：垂直を見る。
・スポーク：直線・長さを見る（自転車のスポークで代用できる）。

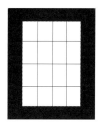

スケール

--------------------- 作品例 ---------------------

アグリッパ

ミロのヴィーナス

ブルータス

13 │ 木炭で石膏像を描こう

材料 木炭紙

用具 木炭，食パン（練り消しゴム），スケール，芯抜き，糸（黒），五円玉，スポーク，ガーゼ，カッター，カルトン，イーゼル，クリップ

内容 木炭の石膏デッサン。

❶木炭の芯を芯抜きで抜く。
※芯のない木炭もある。

❷描きやすいように先端をカッターで削る。

❸五円玉と黒糸で垂直器をつくる（→ p.21）。

❹イーゼルにカルトンを置き，木炭紙をクリップで留める。
※木炭紙の裏表を確認。
※文字で確認する。（MBM の「B」の向き）
※描いていてクリップが邪魔になったら，横につける。

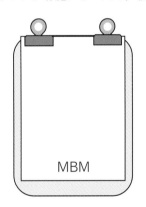

MBM

❺木炭で中心線を描く。

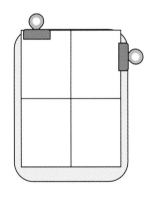

❻スケール，垂直器，スポークを使って描いていく。
※消すときは食パンを使う。消しくずが出ない。耳は使わないため，もったいないので食べる。
※ガーゼでふいたり，たたいたりする。袖が汚れるので，アームカバーをするとよい。

・石膏像とイーゼルの位置（図は右利きの場合）
※左利きはイーゼルが左側になる。

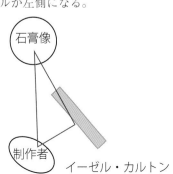

石膏像

制作者
イーゼル・カルトン

・木炭の持ち方

カルトン・木炭紙

- 光の当たり方を一定にする。自然光が一番よく，特に一日中光が変わらない北窓の光がベスト。
- 全体を見て，全体で描いていく。
- 直接当たる光と像に反射して当たる反射光（あごの下）との違いを出す。
- 実際の像に輪郭はなく，輪郭は描いていくとだんだんと消えていく。
- 重量感，存在感を出すために，なるべく下は切らずに下端まで描き，頭の上部を切る。
- 画面から少しはみ出した方が大きく感じられ，存在感が出る。
- 像と空間（余白）のバランスが大切。
- 石膏デッサンは，絵を描く基本となるため，美術大学の入試でよく出題される。
- 何枚も描いて練習あるのみ。描けば描くほど上手になる。

作品例

アリアス

アマゾン

モリエール

アポロ

アポロ

ヘルメス

14 | ドゥルーピング Drooping（垂らし絵）
ドリッピング Dripping

材料 画用紙，新聞紙

用具 水彩絵の具，筆，パレット，筆洗器（※絵の具は多めの水で溶く。）

内容 垂らし絵。

❶画用紙に絵の具を置く。

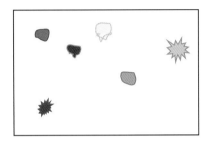

❷新聞紙を敷いて画用紙を立てる。

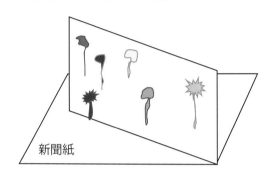

❸いろいろな向きにして絵の具を垂らす。

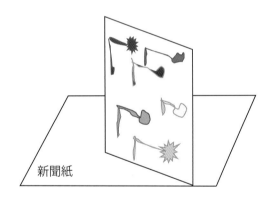

❹また別の絵の具を置いたり，足したりして❸を
繰り返す。完成。

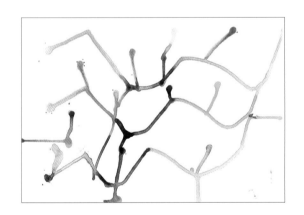

・・・・・・・・・・・・・・・・・・・・・・・ 作品例 ・・・・・・・・・・・・・・・・・・・・・・・

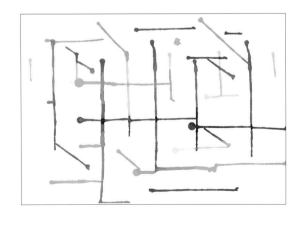

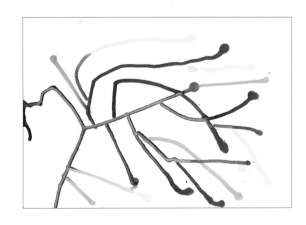

15 | ブローイング Blowing （吹き絵） ドリッピング Dripping

材料 画用紙，ストロー（半分に切る。約10センチ），新聞紙
用具 水彩絵の具，筆，パレット，筆洗器（※絵の具は多めの水で溶く。）
内容 吹き絵。

❶画用紙に絵の具を置く。

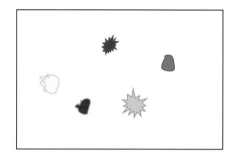

❷新聞紙を敷いてストローで絵の具を吹く。

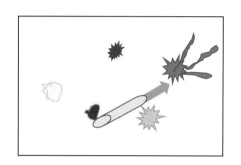

❸いろいろな方向に吹いてみる。完成。

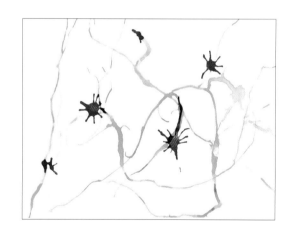

作品例

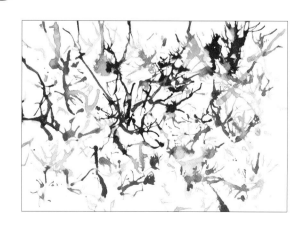

16 | ローリング Rolling（転がし絵）

材料 画用紙，ビー玉
用具 水彩絵の具，筆，パレット，筆洗器，バット（※絵の具はたっぷりの水で溶く。）
内容 転がし絵。

❶バットに画用紙を置く。

❷ビー玉に絵の具をつけて画用紙にのせる。

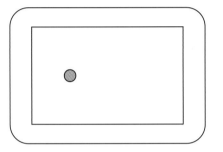

❸バットを傾けてビー玉を転がす。

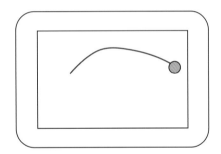

❹絵の具の色を替えて繰り返す。

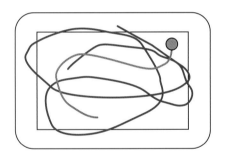

作品例

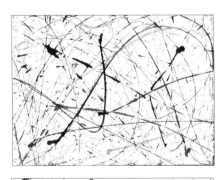

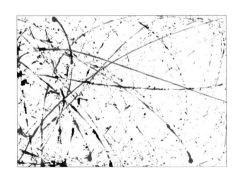

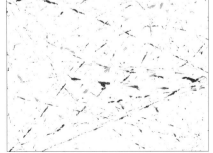

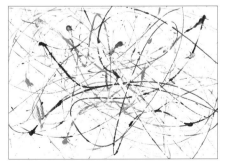

17 | デカルコマニー Décalcomanie（合わせ絵）

材料 画用紙

用具 水彩絵の具，筆，パレット，筆洗器，クレヨン（※絵の具はたっぷりの水で溶く。）

内容 合わせ絵。

❶画用紙を半分に折る。

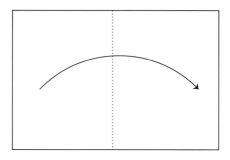

❷もとにもどして片側にだけ絵の具を置く。

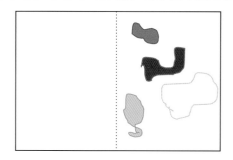

❸絵の具が乾く前に半分に折る。

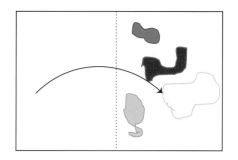

❹よくこする。

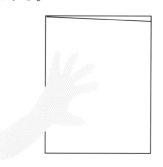

❺広げてクレヨンで描き足して完成。

作品例

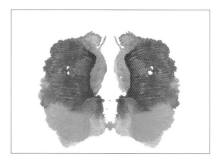

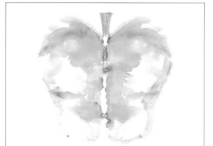

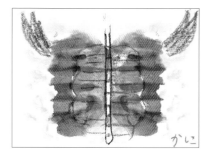

18 | ストリング String （糸引き絵）

材料 画用紙，たこひも（太さ1.5ミリ，長さ30センチ程度）

用具 水彩絵の具，筆，パレット，筆洗器，クレヨン（※絵の具はたっぷりの水で溶く。）

内容 糸引き絵。

❶画用紙を半分に折って広げる。

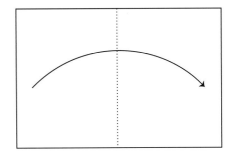

❷たこひもに絵の具をつけて片側に置く。

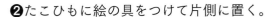
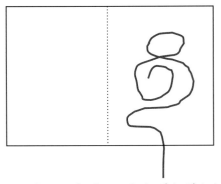

❸画用紙を折って左手で押さえる。

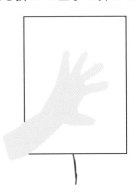

❹押さえながら右手でひもをグネグネさせて引く。

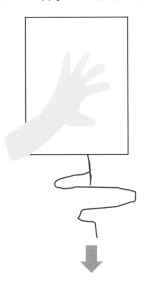

❺ひもの色を替えて何回かやってみる。
　※色を替えるときは，ひもを水で洗う。
　　グループ内でひもを交換してもよい。

❻広げて完成。

作品例

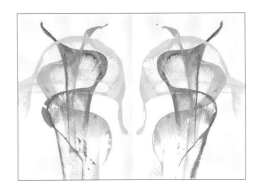
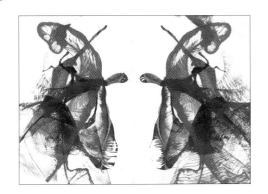

19 ┃ マーブリング Marbling （流し絵）

材料 画用紙，マーブリング絵の具
用具 バット，竹串・割り箸など
内容 流し絵（墨流し）。

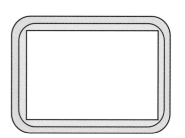
画用紙

❶バットに水を張り，マーブ
　リング絵の具を垂らす。

❷竹串・割り箸などで
　色をちらす。

❸マーブル状になったら画用
　紙をのせて模様を写す。
　※空気が入らないようにする。

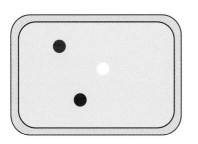

作品例

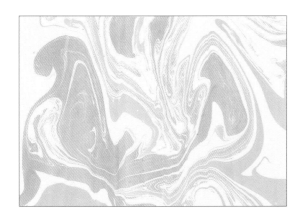

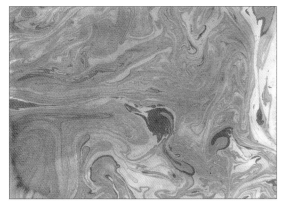

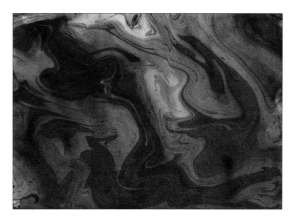

20 | チェンジング Changing （変わり絵）

材料 画用紙

用具 水彩絵の具，筆，パレット，筆洗器，クレヨン，鉛筆

内容 変わり絵。

❶画用紙を半分に折る。

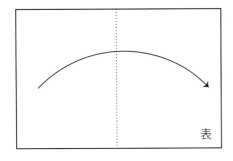

❷折り返す

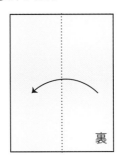

❸鉛筆で下描きをする。

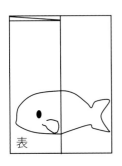

❹広げて，隠れていた部分にも絵を描く。

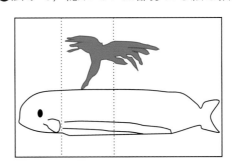

❺絵の具，クレヨンで色を塗って完成。

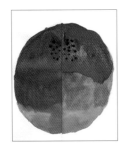 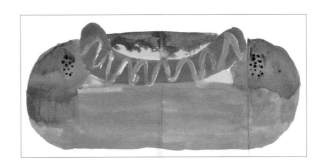

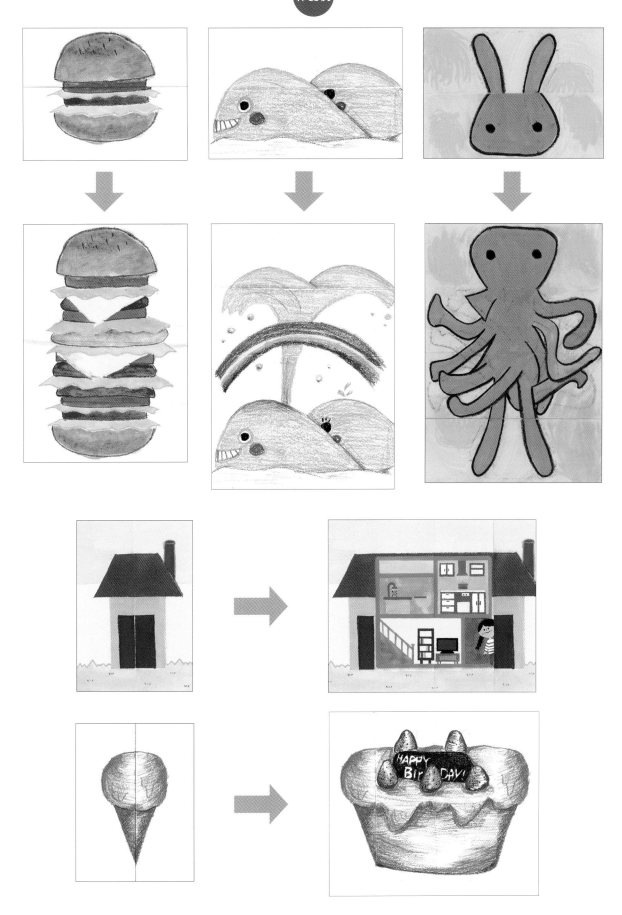

21 | 切り紙

材料 折り紙，画用紙
用具 はさみ，のり
内容 切り紙。

1. 2つ折り

❶折り紙を半分に折る。　　❷半分の形をはさみで切る。　　❸広げる。

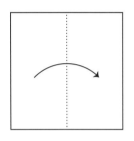　　

〈その他の例〉

　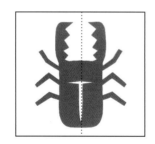

2. 4つ折り

❶折り紙を半分に折る。　　❷さらに半分に折る。　　❸はさみで切る。

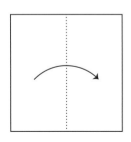　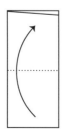　

❹広げる。　　〈その他の切り方例〉

　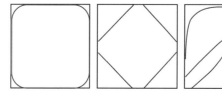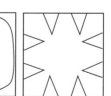

❶4つ折りを三角に折る。

❷はさみで切る。

❸広げる。

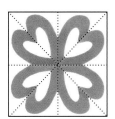

〈その他の例〉

4. 10折り

❶折り紙を三角に折る。

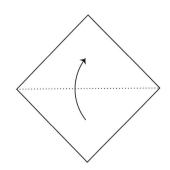

❷さらに三角に折ってもどす。

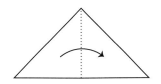

❸上の1枚を折り返す。

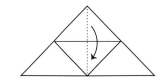

❹さらに折り返す。

❺もどす。

❻底辺をaの線に合わせて折る。

❼左側をbに合わせて折る。

❽右側を中心に折る。

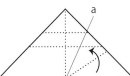 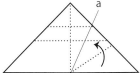

❾左側は裏に折る。

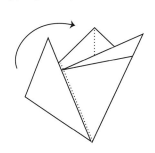

❿10折りの完成。

⓫斜めに切る。

33

⓬広げる

〈その他の切り方〉

5. 20折り

❶10折りの⓾を向こう側に半分に折る。

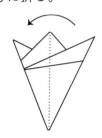

❷斜めに切る。

〈その他の切り方〉

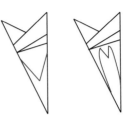

6. 6つ折り

❶10折りの❹から。

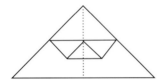

❷もう1回繰り返す。

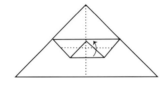
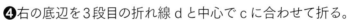

❸広げてもとにもどす

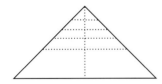

❹右の底辺を3段目の折れ線dと中心でcに合わせて折る。

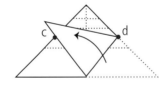
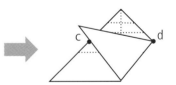

❺左側も❹と同様に合わせて折る。

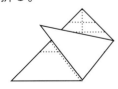

❻6つ折りの完成。

❼切る。

〈その他の切り方〉

7. 12折り

❶6つ折りの❻から。

❷向こう側に半分に折る。

❸12折りの完成。切る。

〈その他の切り方〉

8. 24折り

❶12折りから。

❷向こう側に半分に折る。

❸切る。

※これまでのできた形を画用紙にコラージュして完成。

──────────────────── 作品例 ────────────────────

22 | 色のメッセージ

材料 画用紙

用具 クレヨン，水彩絵の具，筆，パレット，筆洗器

内容 絵の具の色彩構成。

❶5機の UFO の飛行軌跡（a〜e）をクレ
ヨンで描く。

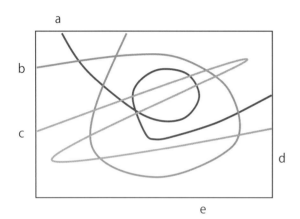

❷クレヨンで囲まれたところを絵の具で塗る。
※テーマを決める（テーマに沿った配色）。
※となりの色が同じにならないようにする。

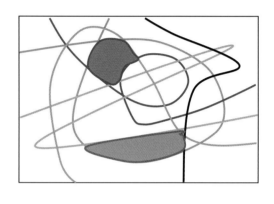

※完成の配色を想像してみよう（色にはいろいろな感情がある）。
※折り紙などを置いてみて，塗った色に合うかどうか見てみる。
※明度，彩度，暖色，寒色，中間色，補色の関係。

減法混色（絵の具）
※色を混ぜることで明度が低くなる。

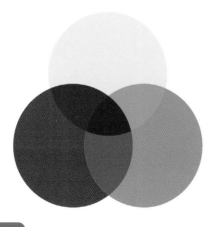

加法混色（光・テレビ）
※色を混ぜることで明度が高くなる。

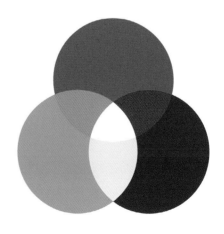

まとめ

テーマに沿った配色で調和がとれているか？
※調和のとれる配色を感じとることが大切。

解説

・色の調和を考える。
　暖色（暖かく感じる）：赤，橙系／寒色（寒く感じる）：青系／中間色（両方感じる）：緑・紫系
　補色（反対色）：青⇔橙・赤⇔緑・黄⇔紫
・同系色でまとめる。／コントラスト（寒色の中に少し暖色）。

[色相環]

豆知識

・色の三要素（三属性）：明度・彩度・色相
　　明度：明るさの度合い
　　　白＝明度が最も高い色／黒＝明度が最も低い色
　　彩度：鮮やかさの度合い（原色が最も彩度が高い）
　　色相：色のならび
　　　紫→青紫→青→青緑→緑→黄緑→黄→黄橙→橙→赤橙→赤→赤紫→紫
・色立体の中心軸に白から黒のグラデーションがある。縦軸が明度で，最高明度の白が上端，最低明度
　の黒が下端にある。
　　色立体：色の三要素を立体で表したもの

------- 作品例 -------

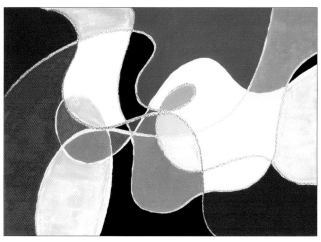

23 | かたちのイメージ①

材料 画用紙

用具 鉛筆，消しゴム，水彩絵の具，パレット，筆，筆洗器，クレヨン

内容 形からの発想。（※雲を見ているといろいろな形が見えてくる。柔軟な発想。）

❶画用紙をちぎって3つに切り分ける。
　※できるだけクネクネさせる。

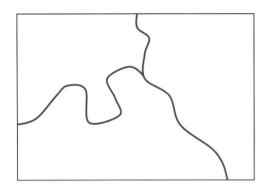

❷できた形から具体的な物をイメージする。
　※上下左右いろいろな方向から見てみよう。
　※部分よりも全体をイメージする。

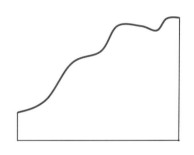

❸鉛筆で下描きする。
　※できるだけ隙間がないように。
　※形を最大限に利用する。

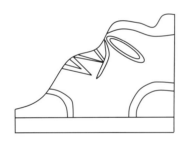

❹水彩絵の具で色を塗る。
　※部分的にクレヨンを使ってもよい。

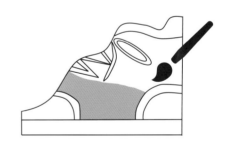

❺画用紙に貼って完成。

まとめ

ちぎって偶然にできた形をうまく利用できたか？
※形とイメージがつながるようになるとよい。

解説

・クレヨンを効果的なところに部分的に使うと描きやすい。
・部分的な形よりも全体的な形の方がわかりやすい。
・なるべく余白ができないように考える。

24 | かたちのイメージ②

材料 画用紙，折り紙（15センチ角）

用具 はさみ，のり，クレヨン

内容 イメージからの形の発想。

1. 三角形を使って

❶折り紙を図1のように切る。
　※7つの三角形ができる。

❷できた形を使って具体的なものをイメージする。
　※7つの三角形を全部使う。

❸画用紙にのりで貼る。

❹クレヨンで描き足して完成。

図1

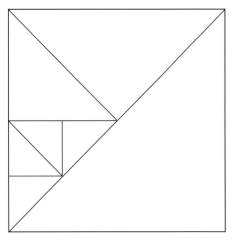

-------- 作品例 --------

いんこ

バラ

セミ

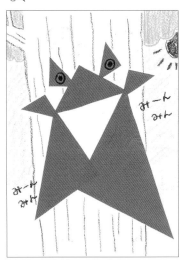

走るライオン

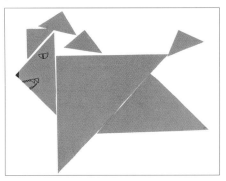

泳ぐくじら

40

2. 長方形を使って

❶折り紙を図2のように切る。
　※7つの長方形ができる。

❷できた形を使って具体的なものをイメージする。
　※7つの長方形を全部使う。

❸画用紙にのりで貼る。

❹クレヨンで描き足して完成。

図2
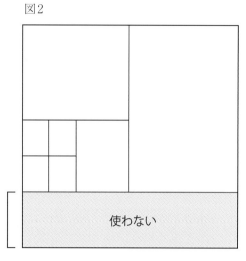
4センチ　　使わない

解説

・○, △, □などの図形を使って絵が描ける。
・すべてのものは，単純な形の組み合わせでできている。
・組み合わせるといろいろな形が生まれる。
・いろいろ試してみよう。

----------------------------- 作品例 -----------------------------

ゆれるみの虫

電気スタンド
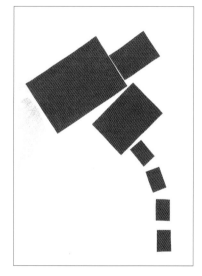

バイオリン
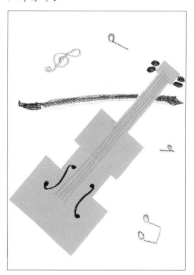

元気なゾウ

明るい懐中電灯

3. 三角形または長方形を使って

❶図1（p.40）または図2（p.41）のように折り紙を切る。

❷できた形を使って抽象的なものをイメージする。
　※例えば：「たのしい」「やさしさ」「風」「水の音」「愛情」「未来」など。

❸画用紙にのりで貼って完成。

まとめ

形をうまく利用して絵が描けたか？
※形とイメージがつながるように。

解説

・抽象的なことや言葉も図形や絵で表現できる。
・形と色の構成でいろいろな気持ちを表現できる。

作品例

たのしい

旅立ち

ポジティブ

風の舞

記憶

25 | バチック Batik（はじき絵）① 秘密の絵

材料 画用紙

用具 クレヨン，水彩絵の具，パレット，筆，筆洗器

内容 はじき絵。（白のクレヨンを使って。）

❶白のクレヨンを使って絵を描く。

❷水彩絵の具で全体を塗って完成。
※白いクレヨンで描いた絵が浮き出る。

作品例

26 | バチック Batik（はじき絵）②

材料 画用紙，新聞紙
用具 クレヨン，はさみ（カッター），アイロン，水彩絵の具，パレット，筆，筆洗器
内容 はじき絵。

❶画用紙の上でクレヨンをはさみ（カッター）で削る。

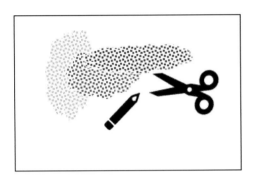

❷新聞紙を画用紙にかぶせてアイロンをかける。

新聞紙（折って重ねる）

❸新聞紙をどけてクレヨンが溶けているか確認する。

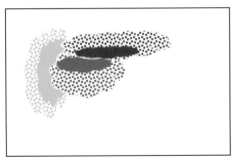

※イメージに近くなるまで繰り返す。

❺完成（クレヨンで描き足してもよい）。
　※クレヨンで絵を描いても浮き出る。

❹水彩絵の具で全体を塗る。

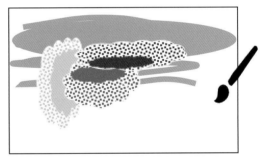

※クレヨンが絵の具をはじいて浮き出る。
※絵の具の色を替えて工夫する。
※絵の具は多めの水で溶く。

まとめ

クレヨンが水彩絵の具をはじく特性を活かして描かれているか。

豆知識

・クレヨンは，顔料と蠟でできている（→ p.47）。「蠟」は「蠟燭」の「蠟」と同じで，熱で溶ける。
・蠟が水彩絵の具の水をはじく。

・クレヨンの色と水彩絵の具の色のコントラストを考える。同系色を使うと見えにくい。

・溶けたクレヨンの模様が想像を超えて面白い形になる。

・絵の具が一気に塗れるため，手間がかからない。

作品例

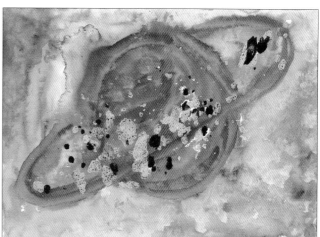

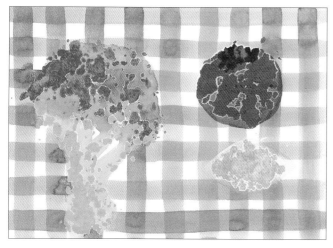

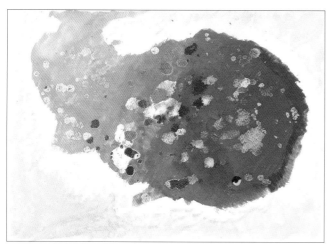

27 | ステンシル Stencil（型抜き版画）①
クレヨン

材料 画用紙，新聞紙

用具 はさみ，クレヨン

内容 孔版（合羽版）による構成。（※版の特性である同じ模様の連続性を活かした構成。）

❶画用紙を4等分に切る。

❷そのうち1枚を半分に折る。

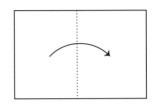

❸はさみで好きな形に切る。
※周りを2センチ以上あける（形は小さめに）。

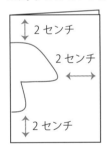

2センチ
2センチ
2センチ

❹広げて，型紙の完成。

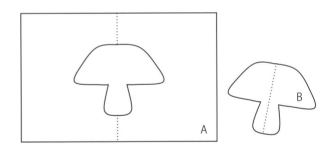

A

B

❺画用紙に型紙Aをあててクレヨンで塗る。

❻位置と色を替えて繰り返す。完成。
※Bを使って白抜きもできる。

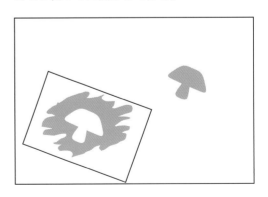

まとめ

同じ模様をうまく配置して美しく構成されているか？
※版の特性を活かすことが大切。

・形を重ねる⇒奥行きが出て，遠近感が感じられる。

・画用紙からはみ出る⇒見えない部分を脳が補うため，画面が広く大きく感じる。

・規則性⇒リズムを感じる。

・色が混じると深い色になる。

クレヨンは何からできている？

・すべての色の原料は，顔料と染料からできている。

　顔料：鉱物（岩・石・土など）を細かく砕いた粉。

　染料：植物（草・花・木など）をしぼった汁。その汁を乾燥させた粉。

※クレヨン，絵の具，色鉛筆など，すべての描画材は顔料からできている。

⇒クレヨンは顔料と蠟を混ぜてつくられている。

・ベタ塗りには向かないが，かすれや撥水性を活かした作品づくりに用いるとよい。

—— 作品例 ——

28 | ステンシル Stencil（型抜き版画）②　タンポ

材料 画用紙

用具 はさみ，水彩絵の具，パレット，筆，筆洗器，タンポ

内容 孔版（合羽版）による構成。（描画材を替えて。）

❶画用紙を4等分に切る。

❷そのうち1枚を半分に折る。

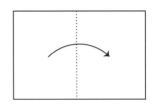

❸はさみで好きな形に切る。
※周りを2センチ以上あける（形は小さめに）。

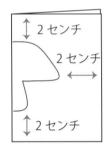

❹広げて，型紙の完成。

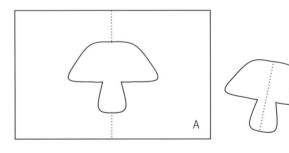

❺画用紙に型紙Aをあてて絵の具をつけたタンポで色をつける。

❻色を替えて繰り返す。完成。
※Bを使って白抜きもできる。

まとめ

版の配置や色の濃淡など，美しく構成されているか？
※タンポの特性を活かすことが大切。

48

・色に濃淡をつける⇒奥行きが出て，遠近感が感じられる。
・密と粗⇒密集しているところと空間のあるところのコントラスト。
・白抜き⇒効果的に使うと空間が広がる。
・色が混じると深い色になる。
・タンポの味わいを活かす⇒筆では出せない色のトーン。
・同じ技法，同じ型紙でも，クレヨンとはまた違った作品になる。
・同じ形を効果的に活かすと，絵を描くのとは違う，ステンシル独特の作品になる。

豆知識

・タンポ：スポンジや，スポンジ・布を綿などの布で包んだもの。
・版画の技法：凸版，凹版，平版，孔版の4種類がある。
　※孔版には，合羽版，ステンシルなどがある。

[版画の種類]

凸版	凹版	平版	孔版
紙	紙	紙	版
版	版	版	紙
木版画など	銅版画（エッチング）など	石版画（リトグラフ）など	シルクスクリーンなど

作品例

29 | シフティング Shifting

材料 画用紙

用具 はさみ（カッター），水彩絵の具，パレット，筆，筆洗器，鉛筆，定規，カッターマット，のり

内容 色帯の構成。

❶画用紙を半分に切る。

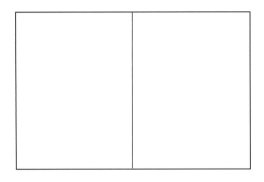

❷そのうち1枚に鉛筆で横線を引く。
※2センチ幅で引く（定規を使って）。

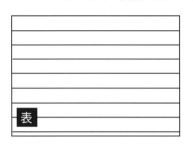

❸裏に鉛筆で縦線を引く。
※1センチ幅で引く（定規を使って）。

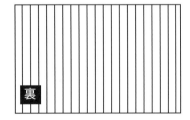

❹表にして絵の具で色を塗る。
※すべて違う色に塗る（8色）。

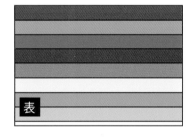

❺裏にしてはさみで切る。
※定規をあててカッターで切ってもよい。
　その場合は下にカッターマットを敷く。

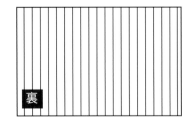

❻色帯をずらしながらのりで貼って完成。
※色帯の間に隙間ができないようにする。

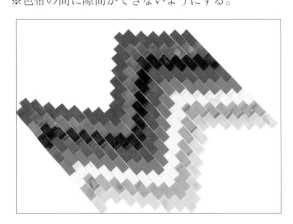

まとめ

色使いやずらし方を工夫して美しく構成されているか？
※ずらすことによる配色効果を考える。

解説

・配色を工夫する（ずらしたときの色の構成を想像して）。グラデーションにするのもよい。
・すべて違う色で塗ると，ずらしたときに色が重ならない。
・❷のいちばん下や❸の右端の半端になったところは最初に切る。
・はさみまたはカッターで丁寧にまっすぐに切ると隙間ができにくい。

[色相環]

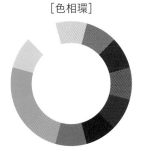

豆知識

・色のグラデーション
・色の三要素：色相，明度，彩度
・色相
　紫⇒青紫⇒青⇒青緑⇒緑⇒黄緑⇒黄⇒黄橙⇒橙⇒赤橙⇒赤⇒赤紫⇒紫

――――――――――――――――――――(作品例)――――――――――――――――――――

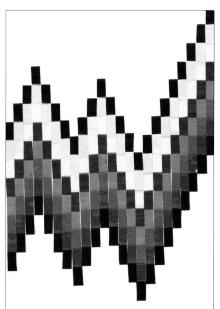

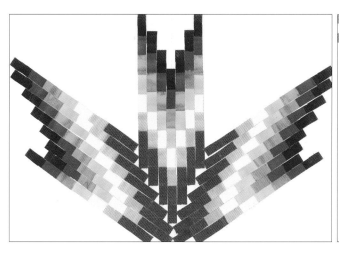

30 スクラッチ Scratch（ひっかき絵）

材料 画用紙（ケント紙），竹串

用具 クレヨン

内容 ひっかき絵。

❶画用紙に枠を描く（約15×15センチ）。
※枠が大きすぎると黒で塗るのが大変になる。

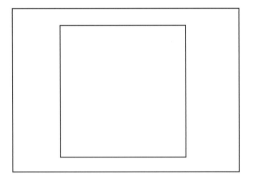

❷枠の中をクレヨンで色を塗る。
※どんな模様でもよい。カラフルにする。
※濃く塗った方がきれいになる。

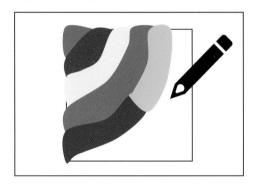

❸黒のクレヨンで全体を塗る。
※濃く塗った方がきれいになる。

❹竹串でひっかきながら絵や模様を描いて完成。

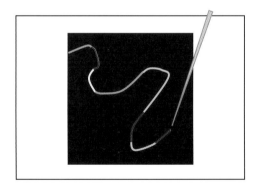

まとめ

鮮やかな色が出てきたか。
※黒とのコントラストが出るとよい。

［参考文献］
・『くれよんのくろくん』なかや みわ　さく・え　童心社（2001年）
※この絵本を読むとやり方がよくわかる。

- 画用紙いっぱいに描くと色塗りが大変なので，枠をつくって小さめにするのがポイント。
- 画用紙の表はザラザラしているため，クレヨンが均一に塗れない場合がある。その場合は，画用紙の裏のすべすべしている方を使ったり，ケント紙を使ったりするとよい。画用紙の表でも丁寧に塗れば，均一に塗ることができる。
- 上から塗る黒も均一になるように丁寧に塗るときれいに仕上がる。
- クレヨンの削りクズが出るので，下に新聞紙を敷いておくと，後の片付けが楽で机も汚れない。
- 竹串は，参考文献の絵本のようにシャープペンシル（mechanical pencil）やニードルなどひっかけるものなら何でも代用できる。

[スクラッチ風切り絵]（→ p.54）
- 黒の色を塗るのを簡単にしたものが，次ページのスクラッチ風切り紙。
  ※同じような作品ができるが，竹串のような細い線は難しい。
- 黒の折り紙と同じサイズにするとちょうどいい。
- 切り方を工夫すると，面白い作品ができる。

作品例

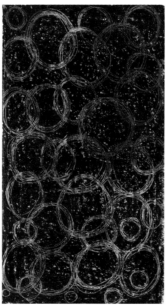

31 | スクラッチ風切り絵

材料 画用紙，折り紙（黒，紺），色画用紙（黒，紺）

用具 クレヨン，カッター，カッターマット，はさみ，のり

内容 ひっかき絵風切り絵。

❶画用紙に折り紙や色画用紙と同じ大きさの 枠を描く。

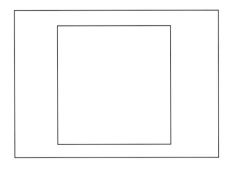

❷枠の中をクレヨンで色を塗る。

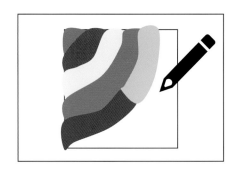

❸折り紙や色画用紙をカッターで切り抜く。または折り紙を折ってはさみで切る。
　※カッターマットを敷く。　　　　　　　　　※折り方を工夫してみよう。

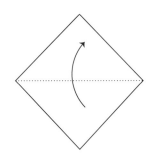 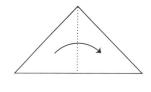

❹色を塗ったクレヨンの上にのりで貼って完成。※解説→ p.53

★折り紙の折り方　例1

※ ▢ の部分を自由に切る。
（白い部分は切らない）

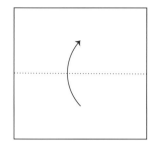 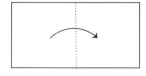

※ ▭ の部分を自由に切る。
（白い部分は切らない）

作品例

  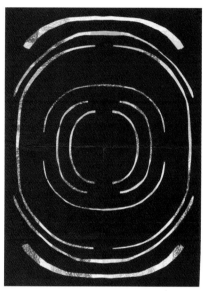

32 | フロッタージュ Frottage （こすりだし）

材料 画用紙，コピー用紙，たこひも（太さ1.5ミリ）

用具 色鉛筆，鉛筆，のり，ドライヤー

内容 こすりだし。（ひもを使って版をつくる。）

1. 版づくり

❶画用紙を半分に切る。

❷そのうちの1枚に下絵を鉛筆で描く。

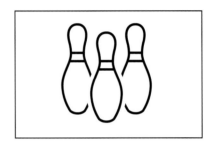

❸のりでたこひもを下絵に貼っていく。
　※のりは，台紙につける（ひもにはつけない）。

❹ドライヤーでのりを十分に乾かす。版の完成。

2. こすりだし

❶できた版の上にコピー用紙を置いて色鉛筆でこする。
　※色鉛筆は寝かせてこする。

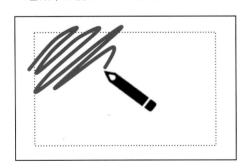

❷色や位置を替えて何回かやってみる。

❸紙を替えて何回かやってみる。

❹一番よくできた作品を画用紙に貼る。

版　　　　　　　　　　　　作品

33 | スタンピング Stamping（型押し版画）①
たこひもはんこ

材料 画用紙，段ボール，たこひも（太さ1.5ミリ），布テープ

用具 鉛筆，のり，水彩絵の具（スタンプインク），パレット，筆，筆洗器，はさみ（段ボールカッター），ドライヤー

内容 たこひもはんこづくり。（ひもを使ってはんこをつくる。）

1. はんこづくり

❶段ボールを切る。

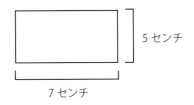

❷切った段ボールに布テープを巻く。
※真ん中は空けておく

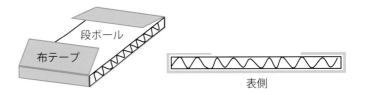

❸鉛筆で下絵を描く。
※細かい絵は適さない。

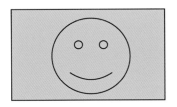

❹のりでひもを下絵に貼っていく。

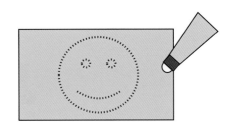

❺段ボールで取っ手をつくって裏に貼る。

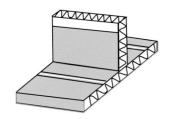

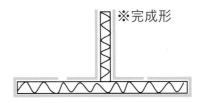

❻ドライヤーでのりを乾かす。版の完成。

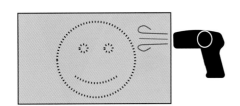

❼画用紙に背景を描く。

❽版に絵の具やスタンプインクをつけて押す。

・同じ形がいくつもできるはんこの特性を活かした作品を考える。
・はんこにつける色は背景よりも目立つようにするとよい。
・背景の着色が難しい場合は，色画用紙を使う。
・絵の具の代わりにスタンプ台を使ってもよい。

作品例

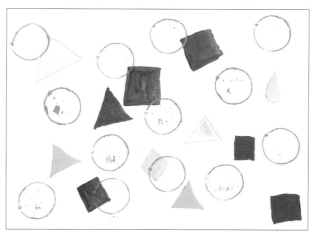

34 | スタンピング Stamping（型押し版画）② スチレンはんこ

材料 画用紙，スチレン（発泡スチロール，7センチ×5センチ程度）

※不要になった総菜用食品トレー（発泡スチロールの白色平底容器）を再利用する。

用具 水彩絵の具，筆，パレット，筆洗器，鉛筆，油性ペン，はさみ，ガムテープ

内容 スチレンはんこづくり。

※スチレンが油性ペンで溶けることを利用する。

※鉛筆で強く力を入れて描くだけでもよい。

❶アイデアスケッチ。
　※テーマ，アイデアを考える。

❷スチレンに油性ペンや鉛筆で描く。

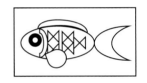

❸ふちをはさみで切る。

※余った部分は取っ手に使う。

❹取っ手をつけて，はんこの完成。

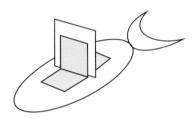

❺画用紙に背景を水彩絵の具で描く。

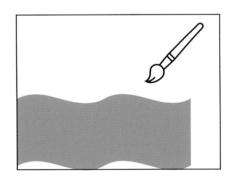

❻画用紙をドライヤーで十分に乾かす。

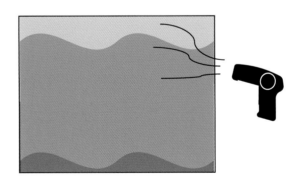

❼パレットに絵の具を溶いて色をつくる。

❽はんこに絵の具をつけて押す。完成。

・背景は単調にならないように，ぼかしや濃淡を利用したり，色を混ぜて複雑な色をつくったりして，色調を工夫する。
・同じ形がいくつもできるはんこの特性を活かした作品にする。

―――――――――――――――――――――― 作品例 ――――――――――――――――――――――

材料 画用紙，身近な物

用具 水彩絵の具，筆，パレット，筆洗器，鉛筆，はさみ，クレヨン

内容 身近な物を版にして作品制作。（版になりそうな物を自由に探す。）

※野菜を使う場合は，食べ物への感謝の気持ちを忘れずに心して使おう。

❶テーマ，アイデアを考える。

❷身近な物（好きな形に切ってもよい）に絵の具をつけてスタンプする。

❸クレヨンで描き足す。またはクレヨンで描いてからスタンプする。完成。

・・・・・・・・・・・・・・・・・・・・・・・ 作品例 ・・・・・・・・・・・・・・・・・・・・・・・

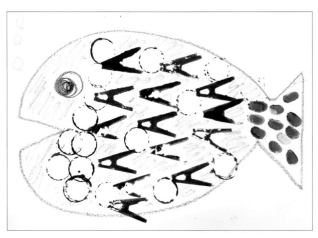

36 | 写真でアート

材料 コピー用紙，写真用紙
用具 カメラ（スマホ），プリンター，ペン
内容 写真を撮って作品制作。

❶テーマ，アイデアを考えながら身近な物を写真に撮る。

❷プリントアウトした写真にペンなどで描き足して完成。※光沢紙の場合は油性ペンを使うとよい。

解説

・いつもの景色や物が，意識や視点を変えて見てみると違う物に見えてくる。
・発想を豊かにして周りの物や風景を見てみよう。

作品例

37 ｜ スパッタリング Sputtering ブラッシング Brushing （ぼかし絵）

材料 画用紙，身近な物など

用具 目の細かな網，歯ブラシ，水彩絵の具，パレット，筆，筆洗器，はさみ，新聞紙

内容 ぼかし絵。

❶画用紙をいろいろな形に切る。

❷他の画用紙に切った形や身近な物を置く。
※新聞紙を画用紙の下に敷いておく。

❸パレットに絵の具を溶いて歯ブラシにつける。

❹置いた物の上から歯ブラシを網にあててこする。

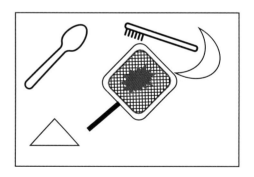

❺場所や形を替えて繰り返す。完成。

豆知識

・似たような効果のある技法
　①タンポを使ったステンシル（→ p.48）
　②エアーブラシ（エアーブラシとコンプレッサーの機械が必要）
　③スプレーアート（色のスプレー缶を使う）

- エアーブラシのような効果を利用した作品を考える。
- エアーブラシは高価な機械が必要になるが，これは手軽にできて，エアーブラシと同じような表現効果が得られる。
- タンポ（→ p.48）を使うよりも色の濃淡を調整でき，より繊細な表現ができる。
- 立体的な身近な物（スプーン，洗濯ばさみなど）を使ってもできる。
- 効果を活かした作品，構成を考える。

作品例

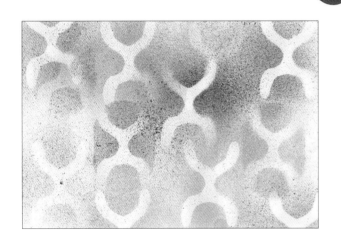

38 | ちぎり絵①

材料 画用紙，折り紙

用具 のり，鉛筆

内容 折り紙を利用した絵。

❶テーマやイメージを考える。

❷画用紙に構図を考えて鉛筆で下絵を描く。

❸折り紙を小さくちぎってのりで貼っていく。完成。

解説

・ちぎって貼ることで，画材で描くだけよりも立体感や素材感が出ることが特徴になる。
・絵の点描のような効果を出せるのも特徴。
・細かくちぎったり，大きくちぎったりすることで感じが変わってくる。
・いろいろな色をちりばめると深い作品に仕上がる。

作品例

39 ちぎり絵②

材料 画用紙（色画用紙），折り紙

用具 のり，クレヨン（ペン）など

内容 折り紙を利用した絵。

❶テーマやイメージを考える。

❷構図を考える。

❸折り紙を部品ごとにちぎって画用紙に貼っていく。完成。

解説

・ちぎって貼ることで，立体感や素材感が出る。
・前ページのちぎり絵①との違いは，各部品のアウトライン（輪郭）をちぎっていること。
・幼児にはこちらの方がやりやすい。
・クレヨンで描き足してもよい。

作品例

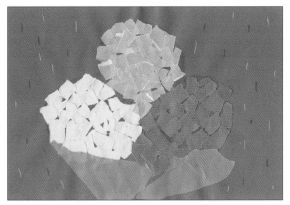

40 | 折り紙絵

材料 画用紙，折り紙

用具 のり，ペン，水彩絵の具，パレット，筆，筆洗器

内容 折り紙を利用した絵。

❶テーマやイメージを考える。

❷画面の構成を考える。

❸画用紙に背景を水彩絵の具で描く。

❹折り紙を折って，のりで貼る。

❺ペンなどで顔を描いて完成。

解説

・折り紙の折り方がわからなかったら，折り方を調べよう。

・効果を考えて，折り紙をはさみで切ってもよい。

・全体的なバランス，構成をしっかり考えることが大切。

作品例

41 │ パピエ・コレ Papier collé（貼り紙絵） ──和紙を使って

材料 色紙（画用紙），和紙

用具 のり

内容 和紙を利用した絵。

○色紙（画用紙）に和紙などの紙をちぎって貼っていく。

解説

・抽象的なテーマや，風景のような具象的なものなどをつくってみよう。
・はさみは使わずに，手でちぎった方が和紙らしい作品になる。
・全体的なバランス，構成をしっかり考えることが大切。

・・・・・・・・・・・・・・・・・・・・・・ 作品例 ・・・・・・・・・・・・・・・・・・・・・・

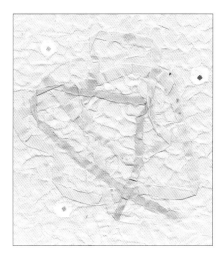

42 | フォトコラージュ Photo collage（写真貼り絵）

材料 画用紙，写真（雑誌・広告・カタログなど）

用具 はさみ，のり

内容 写真を使ったコラージュ。

❶テーマやイメージを決める。

❷雑誌・広告・カタログなどの写真から，テーマやイメージに合ったものをはさみで切り抜く。

❸全体の構成を考えながらのりで貼っていく。完成。

解説

・最初にテーマやイメージをしっかりもつことが大切。
・何でも手当たり次第に貼ってしまうと，まとまりがなくなってしまう。

作品例

43 ｜ コラージュ Collage（貼り絵）

材料 画用紙，廃材（トレー，針金，木，紙など）

用具 のり，ボンド

内容 コラージュ（貼り絵）。

○紙や廃材など，貼れる物は何でも貼っていく。

豆知識

・コラージュとフォトコラージュ，パピエ・コレの違い。
　※コラージュ：素材にかかわらず何でも貼った作品
　※パピエ・コレ：紙だけを使った作品（ちぎり絵〔p.66, 67〕，折り紙絵〔p.68〕もパピエ・コレ）
　※フォトコラージュ：写真だけを使った作品

```
━━━━━━━━━━━━ コラージュ ━━━━━━━━━━━━
（紙・プラスチック・ガラス・貼れる物なら何でも）
　　　━━━━━ パピエ・コレ ━━━━━
　　　　　　　　　（紙）
　フォトコラージュ　　　折り紙絵　　　ちぎり絵
　　（写真）　　　　　（折り紙）　　　（和紙など）
```

作品例

 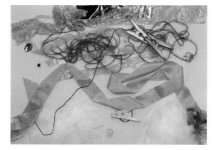 

 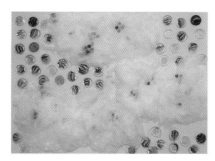 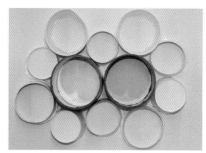

44 ダイング Dyeing（染め紙）

材料 半紙（書道用），和紙等

用具 水彩絵の具，筆，パレット，筆洗器

内容 紙を染める。

1. 三角折り

❶半紙を切り正方形にする。

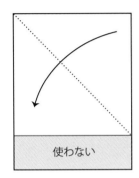

使わない

❷半分に折っていく。

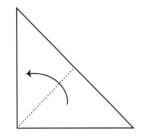

❸

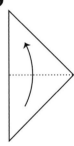

❹

❺

❻

2. 四角折り ※三角折り❶と同じように正方形に切っておく。

❶半分に折っていく。

❷

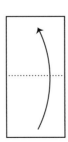

❸

❹

❺

❶パレットに絵の具を溶いて色水をつくる（水は多めにする）。

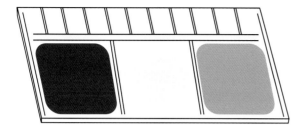

❷折った半紙の角を絵の具につけて広げて完成。

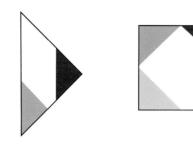

作品例

45 ｜ 私の季節感

材料 画用紙

用具 水彩絵の具，筆，パレット，筆洗器，鉛筆（B以上）

内容 季節感のある風景画。

※春夏秋冬に感じるイメージを絵に表現する。

（春といえばこの風景，夏のイメージはこれといった，自分が感じる風景。）

※条件として，人物または動物を絵のどこかに入れること。

（ただし，人物，動物が主体とならないように。）

❶季節を決める。
- 自分の描きやすい季節。
- 自分の好きな季節。
- イメージの強い季節。

❷アイデアスケッチ
- 構図をよく考えてまとめる。
- 絵は，構図でほぼ決まる（構図が大事）。
- いくつもアイデアを試してみる。

❸鉛筆で下描きをする。
- 鉛筆は，消したときに跡が残らないように軟らかいもの（B以上）を使う。

❹水彩絵の具で色を塗って完成。
- 部分的にクレヨンやペンを使ってもよい。
- ただし，水彩絵の具が主体となるように。

解説

- 日本の特徴である四季のもつイメージを思い描いてみよう。四季を意識することが重要。
- 日頃感じている四季のイメージを絵で表現する。
- 自分の頭の中にあるイメージを100％絵にできるかどうか。
- 人物，動物と風景とのバランス，構図が大事。
- 季節ごとのイメージを豊かに感じ取る感性と，それを絵に表す感性，技術と表現力を養おう。
- 季節感が感じられるように。
- 単調にならないように，色調を工夫する。絵の具はぼかしや濃淡を利用したり，色を混ぜて複雑な色をつくったりするとよい。

46 │ 紙版画

材料 画用紙
用具 鉛筆，はさみ，のり，版画インク（水彩絵の具も可），バット，ローラー，バレン
内容 紙版画。

1. 版をつくる

❶鉛筆で下絵を描く。
※左右逆になることに注意する。

❷別の紙に下絵を写して，切って部品をつくる。

❸切った部品を下絵にのりで貼っていく。

❹ドライヤーでのりを乾かす。版の完成。

2. 刷り

❶バットにインクを入れてローラーで練る。

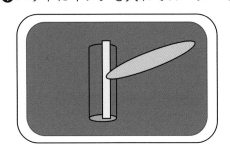

❷版にローラーでインクをつける。

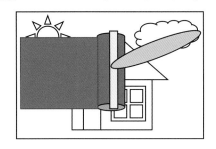

※バット，ローラーがないときはパレットにインクを入れて，筆でインクを版に塗る。

76

❸版に紙を置いてバレンでこする。

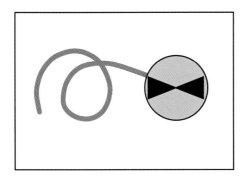

❹何回か繰り返す。きれいな色に刷れたら完成。
　　※インクがだんだん版になじんでくる。
　　※バレンがないときは手でこする。

解説

・のりがしっかり乾いていないとローラーに紙がくっついてくる。
・紙の重なりを利用した版画（凸版）。（版画の種類→ p.49）
・シール用紙で部品をつくると，のりをつけなくてもすむ。

作品例

47 | スチレン版画

材料 画用紙，スチレン（発泡スチロール），コピー用紙
用具 油性ペン，鉛筆，定規など，版画インク，バット，ローラー，バレン
内容 スチレン版画。

1. 版をつくる

❶コピー用紙に鉛筆で下描きを描く。
※ A4サイズ。　※濃く描く。
※版画の左右逆は考えない。

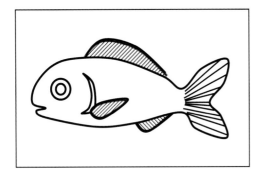

❷下描きを裏返してスチレンに置き，こする。
※定規などでこする。
※下絵の位置を考える。

❸鉛筆の下絵がスチレンに写る。

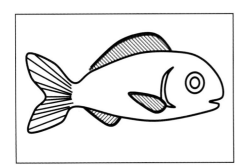

❹油性ペンまたは鉛筆で描く。版の完成。
※ギュッと力を入れて描く。

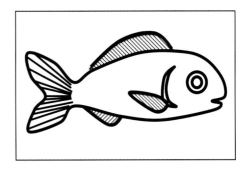

2. 刷り

❶バットにインクを入れてローラーで練る。

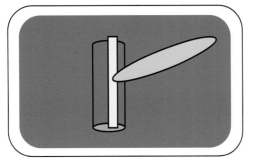

❷版にローラーでインクをつける。

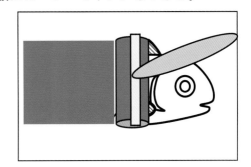

※バット，ローラーがないときはパレットにインクを入れて，筆でインクを版に塗る。

❸版に紙を置いてバレンでこする。

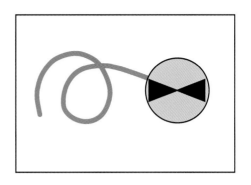

❹何回か繰り返す。きれいな色に刷れたら完成。
※インクがだんだんと版になじんでくる。
※バレンがないときは手でこする。

解説

・油性ペンは臭いが強いものを使うとスチレンがよく溶ける。油性ペンでも溶けないものもある。
・細い線は，鉛筆で力を入れて強く描く。
・背景も絵が映えるように工夫してみよう。
・スチレンはペンや鉛筆で描くだけで，木版のような版画（凸版）をつくることができる。

作品例

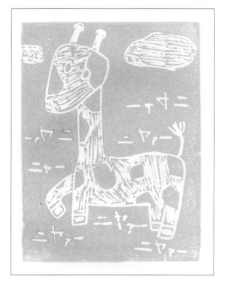

48 しましま絵

材料 画用紙，雑誌・カタログ・写真など
用具 はさみ，のり，鉛筆，水彩絵の具，筆，パレット，筆洗器
内容 写真を利用した絵。

❶雑誌の写真を5～6等分する。
※分割方法は自由にアレンジしてもよい。

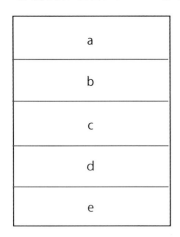

❷間を抜いて画用紙に貼る。

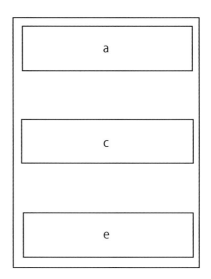

❸抜いた部分を鉛筆で下描きする。
※写真そっくりに描いてもいいし，わざと違えてもいい。

❹水彩絵の具で色を塗って完成。

解説

・雑誌は，絵よりも写真のページを選ぶと仕上がりがよく見える。
・雑誌の写真と絵に違和感がないように色使いなどを工夫することが大切。
・いくつかのページを組み合わせても面白い。
・写真を真似ることで，絵の具で絵を描く練習になる。
・写真は構図をよく考えて撮られているため，絵の構図を考える上でも参考になる。
・文字は書かなくてもよい。
・自分が撮った写真を印刷して使ってもよい。

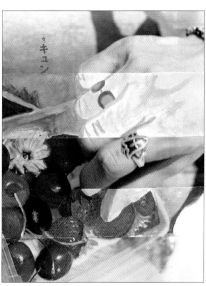

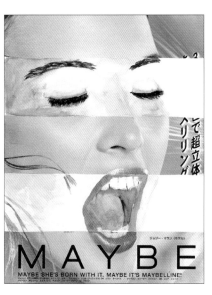

49 | 浮き出るかたち

材料　画用紙，身近にある小物（文房具など）

用具　鉛筆，クレヨン，水彩絵の具，筆，パレット，筆洗器

内容　明度差を利用した作品制作。

❶画用紙の上に好きな小物をのせる。

❷鉛筆で輪郭をなぞる。

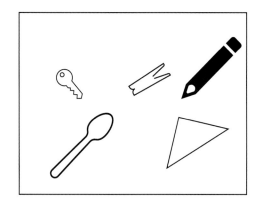

❸鉛筆やクレヨンで形を広げていく。
※地図の等高線のように囲んでいく。

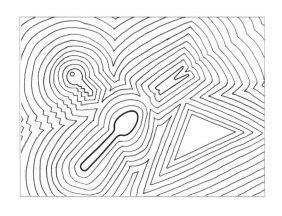

❹絵の具で色を塗って完成。
※明るい色から塗っていく（内側から外側へ）。

まとめ

浮き出ているように見えるか？
※逆に内側から暗い色を塗り始めて外側に明るい色がくるとへこんだように見える。

- 明度の高い色（明るい色）は浮き出て見え，明度の低い色（暗い色）は沈んで見える。
- グラデーションのようにするとやりやすい。
- 明度が一番高い色は白。明度が一番低い色は黒。
- 原色では，黄は明度が高い。青と赤の明度は低い方で，赤よりも青の方がやや高い。

━━━━━ 作品例 ━━━━━

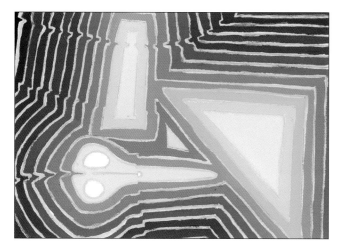

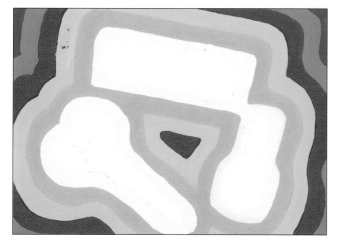

50 | ミクロの世界を描こう

材料 画用紙

用具 鉛筆，水彩絵の具，筆，パレット，筆洗器

内容 静物のクローズアップ絵。

❶画用紙を半分に切る。

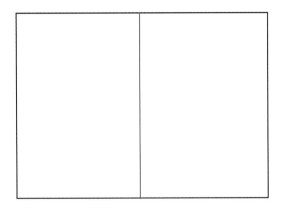

❷鉛筆で下描きをする。
※身近な物のクローズアップ。
※大胆な構図で。

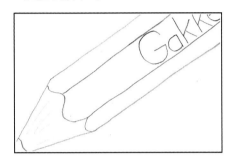

❸絵の具で色を塗って完成。※よりリアルに仕上げる。

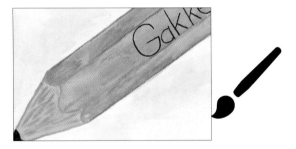

※バックも色を塗る。
※よく観察してみよう。

まとめ

・形や立体感，質感が，絵の具でうまく表現できたか。
・面白い構図になっているか。

解説

・水彩絵の具による静物画の練習。
・よく観察することが大事。
・静物のクローズアップが描ければ，全体も描けるようになる。
・ふだん見慣れている物も見方を変えると面白い形になる。
・面白い形を探してみよう。
・絵の具でよりリアルに仕上げてみよう。
・バック（背景）もしっかり色をつける。一色でなくてもよい。
・鉛筆でデッサンして水彩絵の具で色つけしてもよい。

・水彩絵の具の種類
　　透明水彩：透明感があり，水彩画らしい淡い色合いが特徴。
　　不透明水彩（ガッシュ）：下の色を覆い隠すので，多少の重ね塗りもできる。
　　ポスターカラー：色むらになりにくいため，色が均一に塗れる。

作品例

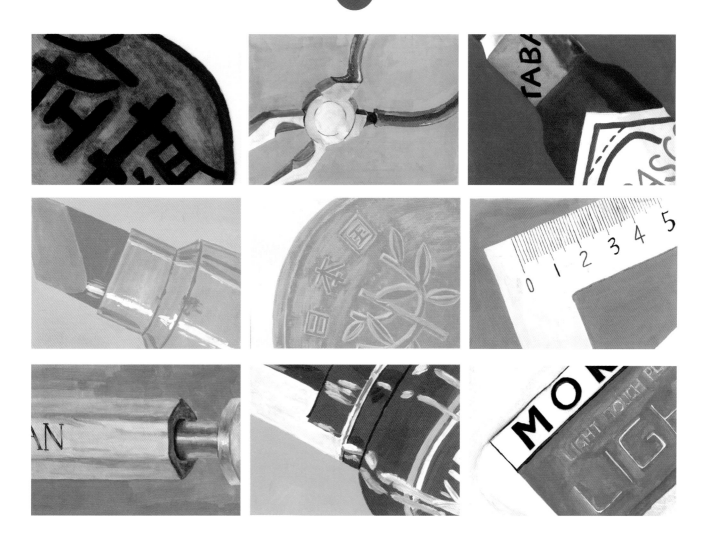

51 水彩で静物を描こう

材料 画用紙

用具 鉛筆，水彩絵の具，筆，パレット，筆洗器

内容 静物の水彩画（写生）。

※実物の果物や花は時間がたつと色や形が変わるため，最初に写真を撮っておく。

解説

・鉛筆のデッサンで下描きをしてから描くと描きやすい。
・鉛筆のデッサンを残して，それを効果的に使う。正確な形を描くことが大事。
・背景も色を塗る。ただし色のついた紙を使うと背景を塗らなくても感じを出せる。
・物の質感，素材感を工夫する。硬い物，軟らかい物を描き分けることが大切。
・室内で描くため，天候や季節に左右されない。
・時間帯によって陰のでき方や色が変わるため，北窓か室内照明の光で描くと光が一定する。

作品例

52 水彩で風景画を描こう

材料 画用紙

用具 鉛筆，水彩絵の具，筆，パレット，筆洗器，画板（カルトン）

内容 風景の水彩画（写生）。

※実際に外で風景を見ながら描くのが一番いいが，できなければ写真を見て描く。

解説

・屋外で描くと気温や風などを感じるので，それらも自然と絵に表れる。

・空気遠近法などの遠近法（→ p.20）を利用する。

・水を多めにしてぼかしやグラデーションを利用すると，水彩画らしい澄んだ色合いが出てよくなる。

・薄い色から塗っていく。

・透明水彩と不透明水彩の違い（→ p.85）を考えて，イメージに合う方で描く。

作品例

材料 色厚紙

用具 はさみ，ペン

内容 飛び出すカード（半開タイプ横型）の工作。

❶色厚紙を半分に切る。

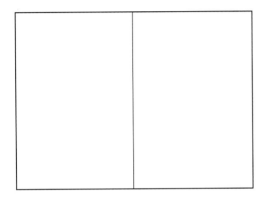

❷そのうち1枚を半分に折る。

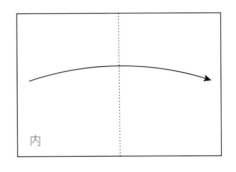

内

❸下の方に切り込みを入れる。

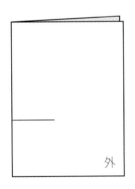

外

❹三角に折り目をつける。反対側にも折る。

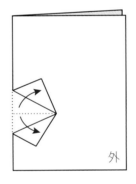

外

❺内側に折り込みながら広げる。

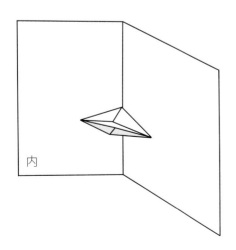

内

❻ペンで目や顔を描いて完成。

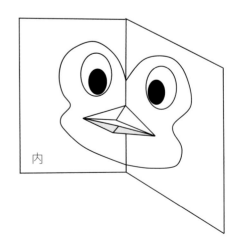

内

54 ポップアップカード ②

材料 色厚紙，折り紙，画用紙

用具 はさみ，のり（両面テープ），ペン

内容 飛び出すカード（半開タイプ横型）の工作。

❶色厚紙を半分に切る。

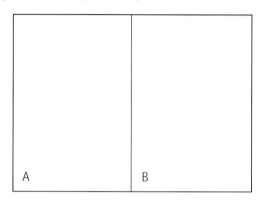

❷ A を半分に折る（B は表紙に使う）。

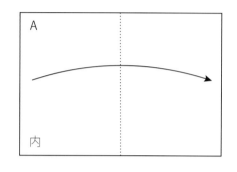

❸切り込みを入れる。
 ※切り込みは最大1/2の長さで短めに。

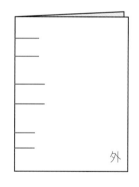

❹折り目をつける。

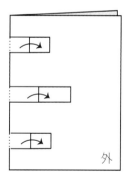

❺切り込み部分を内側に折り込みながら広げる。

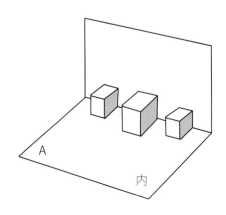

❻飛び出させたい絵などをのりで貼る。

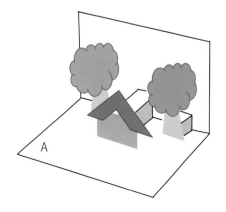

❼表紙（B）をのりで貼る。

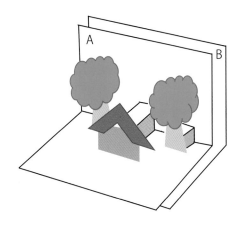

❽折り紙などで装飾する。

❾表紙・裏表紙の装飾をして完成。

.... 作品例 ....

表紙

裏表紙

横開き

55 | ポップアップカード ③

材料 色厚紙，折り紙，画用紙

用具 はさみ，のり（両面テープ），ペン

内容 飛び出すカード（半開タイプ縦型）の工作。

❶色厚紙を半分に切る。

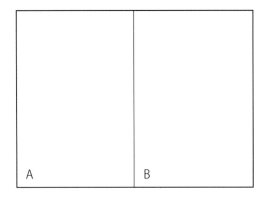

❷Aを半分に折る（Bは表紙に使う）。

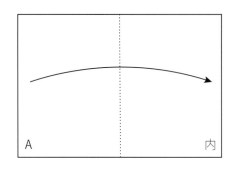

❸切り込みを入れる。
　※切り込みは，最大1/2の長さで短めに。

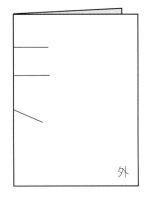

❹折り目をつける。

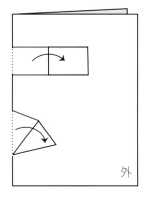

❺切り込み部分を内側に折り込みながら広げる。

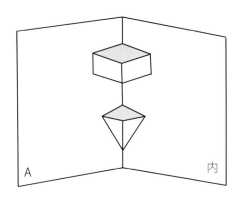

❻飛び出させたい絵などをつくってのりで貼る。

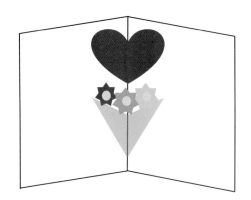

❼表紙（B）をのりでつける。

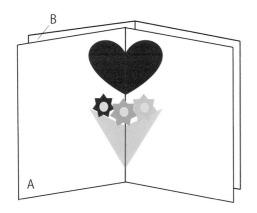

❽折り紙などで装飾をする。

❾表紙・裏表紙の装飾，タイトルを入れて完成。

作品例

縦開き

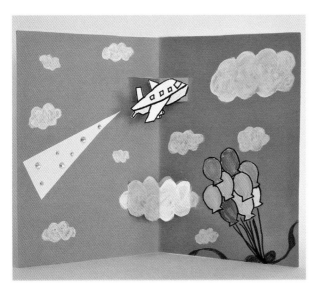

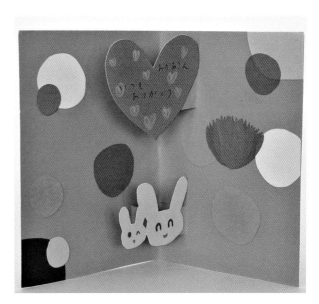

ポップアップカード ④

材料 色厚紙，折り紙，画用紙

用具 はさみ，のり（両面テープ），ペン

内容 飛び出すカード（全開タイプ）の工作。

❶色厚紙を半分に切る。

❷1枚を半分に折る。
※同じものを3枚つくり，A・B・Cとする。

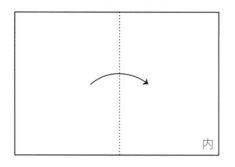

❸Aに切り込みを入れる。※6センチくらい。

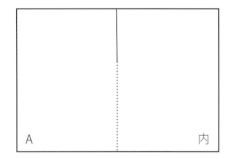

❹斜めに折る。

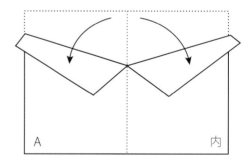

❺Bをのりで貼る。
※AとBが90°になるように。

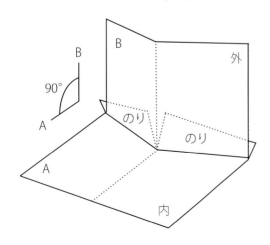

❻表紙（C）を貼る。

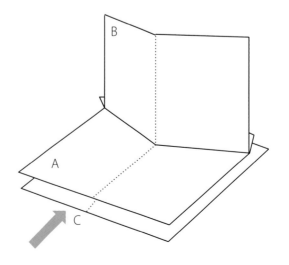

❼折りたたむ。

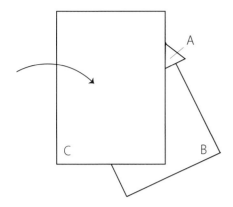

❽はみ出た部分を切り落とす。

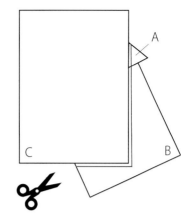

❾広げる。

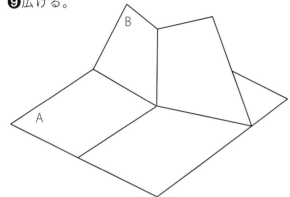

❿好きな形に切る。

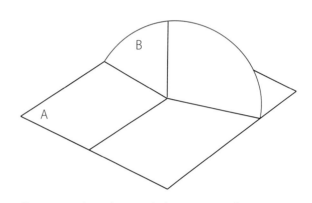

⓫装飾をする。※ここまでが基本の形。

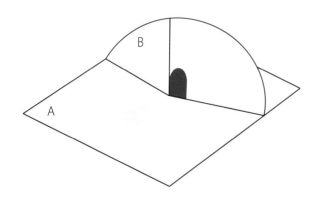

⓬さらにポップアップ（のりで貼る）。

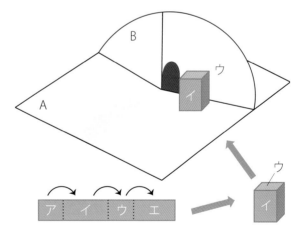

⓭飛び出す形を貼って完成。

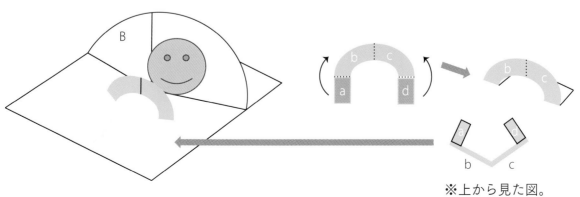

※上から見た図。

・飛び出すしくみを考えよう。いろいろな方法がある。
・折り紙や色画用紙を使うと発色がよく，きれいに見える。
・クレヨンは，閉じたときに反対側にうつるので使わない。
・ペンも併用すると便利。
・表紙・裏表紙，タイトル，メッセージも考えてみよう。
・さらにポップアップを考えてみよう。

作品例

表紙・裏表紙

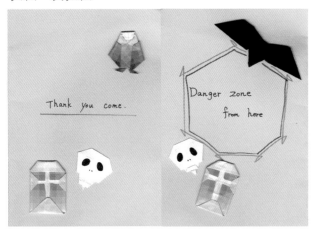

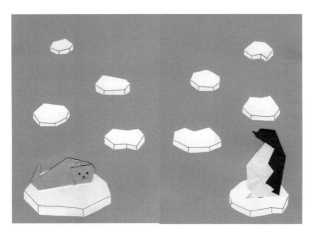

基本の形

さらにポップアップ（基本の形に追加）

57 | 紙コップロケット

材料 紙コップ3個（そのうち1個は切り開いて装飾用の型紙とする），輪ゴム，折り紙など
用具 はさみ，セロハンテープ，のり，ペン
内容 紙コップ工作。

❶ 1個の紙コップの上部に切り込みを入れる。
※切り込みは対称になるように。

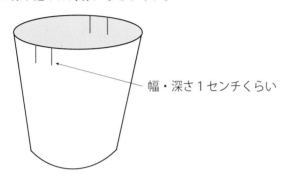

幅・深さ1センチくらい

❷ 切り込みに輪ゴムをつける。
※十字にねじって引っかける。

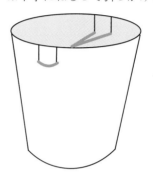

❸ テープでとめる。
※内側も挟むようにする。

❹ ペン・折り紙で装飾して完成。
※型紙を使う。

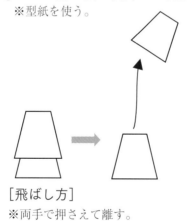

［飛ばし方］
※両手で押さえて離す。

［展示方法］
※裏側：輪ゴムを片側によせる。

━━━ 作品例 ━━━

58 | まとづくり

材料 画用紙（厚紙）

用具 はさみ，ペン，クレヨン

内容 割り箸鉄砲（射的）のまと工作。

❶画用紙を切る。
※大2個，小4個つくる。

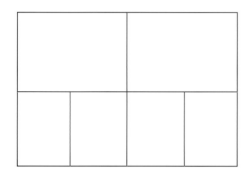

❷それぞれ長辺の長さ約1/3で折る。

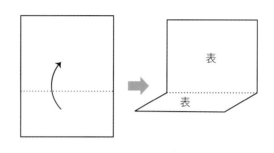

❸表面の上部にペンやクレヨンで絵を描く。

❹裏返して上下逆にする。

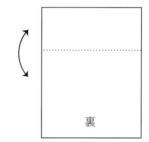

❹裏面の上部に得点や絵を描く。※弾が当たって倒れると裏面に描いた得点や絵が出る。

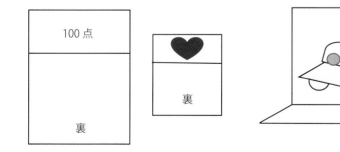

59 | 割り箸鉄砲

材料 割り箸（2膳・4本），輪ゴム
用具 はさみ，ペン
内容 割り箸工作。

❶割り箸にはさみで切り込みを入れ，手で折る。※2本は折らずに使う。

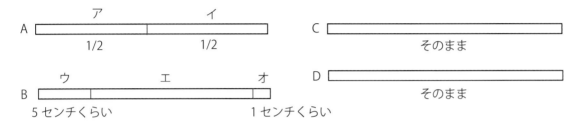

A ｜ ア 1/2 ｜ イ 1/2 ｜   C ｜ そのまま ｜

B ｜ ウ 5センチくらい ｜ エ ｜ オ 1センチくらい ｜   D ｜ そのまま ｜

※はさみでぐりぐりして切り込みを入れる。   ※手で折る。

❷アとイをV字形にして輪ゴムでとめる。

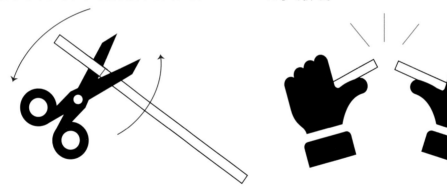

[輪ゴムのとめ方]
※輪ゴムを引っかけてそのままグルグル巻く。
※最後はまた引っかける。

❸できたものをCとDではさんで輪ゴムでとめる。

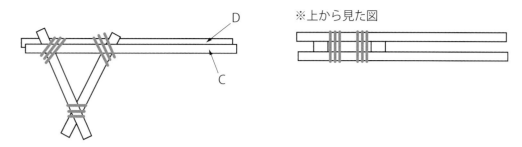

※上から見た図

❹ウを間に斜めに入れて輪ゴムでとめる。※ウの向き，輪ゴムの向きに注意。

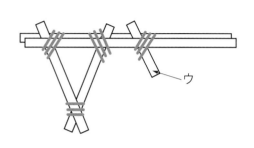 

※上から見た図

❺エを間に入れて輪ゴムでとめる。

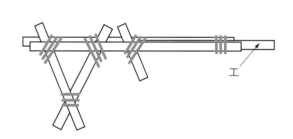 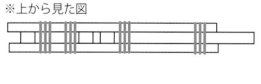

※上から見た図

❻オをエの先端につけて輪ゴムでとめる。

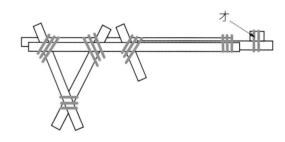 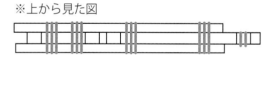

※上から見た図

❼弾の輪ゴムをつける。

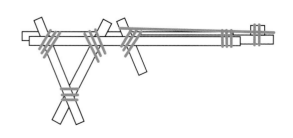 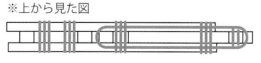

※上から見た図

❽ペンや水彩絵の具で割り箸に色を塗って完成。

60 | 飛ばして遊ぼう① スペースシャトル１

材料 折り紙（15センチ角）
用具 セロハンテープ
内容 折り紙工作。

❶折り紙を三角に折って広げる。

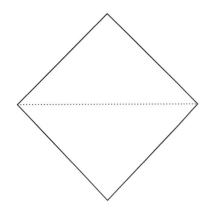

❷中心に合わせて折り返す。

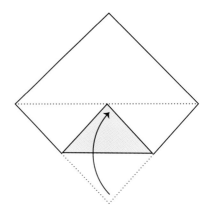

❸続けて中心線に合わせて折り返す。

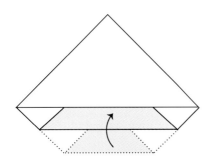

❹さらにまた中心線に合わせて折り返す。

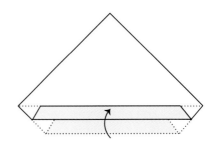

❺続けて折る。

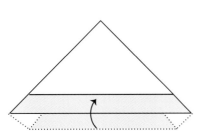

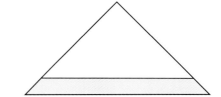

❻丸くくせをつける。

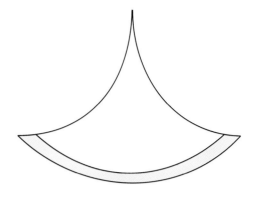

❼両端を中央に寄せてテープでとめる。

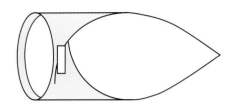

❽きれいな輪にする。

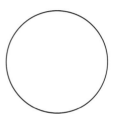

※下から見た図

❾完成。

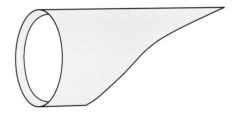

❿細い方を持って，手首のスナップをきかせて飛ばす。

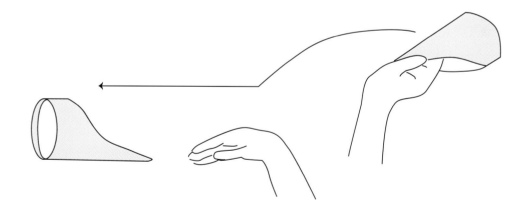

飛ばして遊ぼう②　ヘリコプター

材料 折り紙（15センチ角），クリップ

用具 はさみ

内容 折り紙工作。

❶折り紙を半分に切っておく。

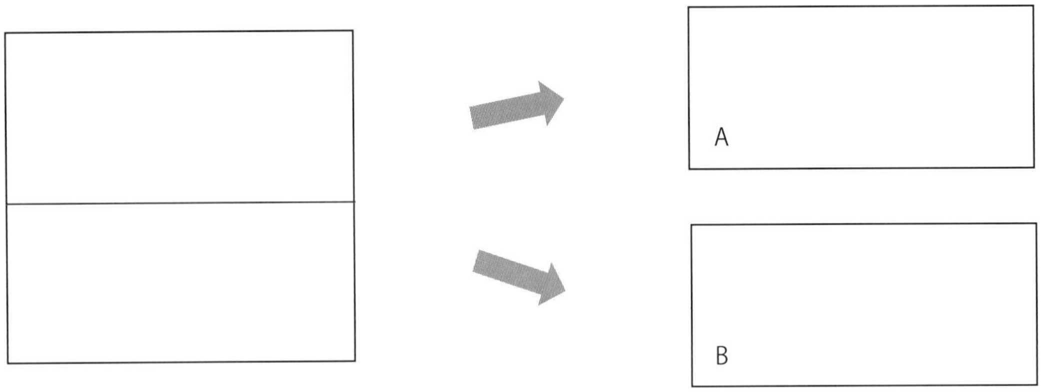

A

B

ヘリコプター１

❶Aを使って，図のように切る。

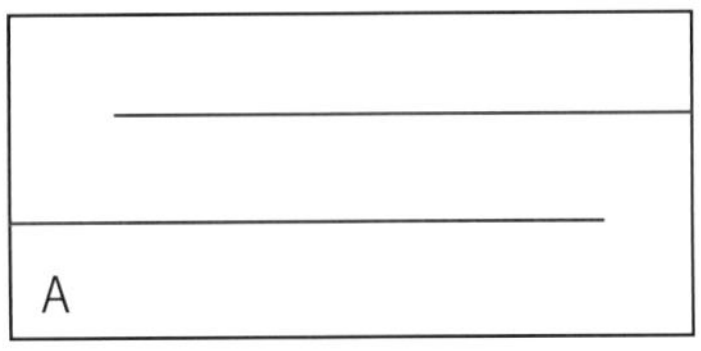

A

❷端を重ねてクリップでとめて完成。

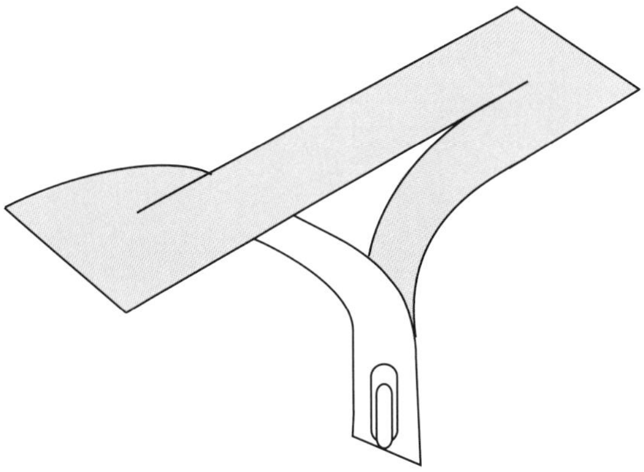

❶Bを縦横半分に折って折り目をつける。

❷右側だけ中央まで切って上部を左に折る。

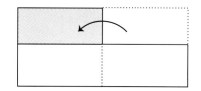

❸左側上部を下に折る。

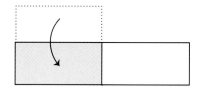

❹半分に折り目をつけ，右側だけ中央まで半分に切る。

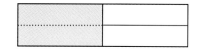

❺三角に折る。

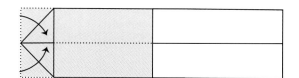

❻さらに三角に折る。

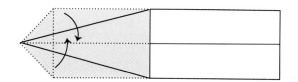

❼羽をY字に広げて完成。

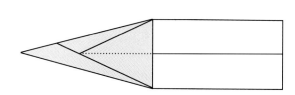

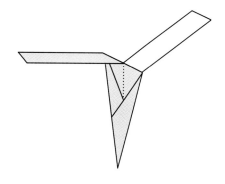

❽飛行機を飛ばすように上に向かって投げる。

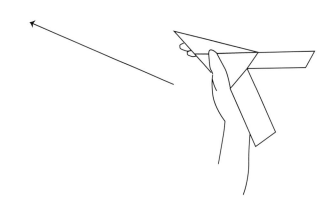

材料 折り紙（15センチ角），割り箸，輪ゴム

用具 はさみ，ホチキス，セロハンテープ

内容 折り紙工作。

❶折り紙を3分の1に切る。

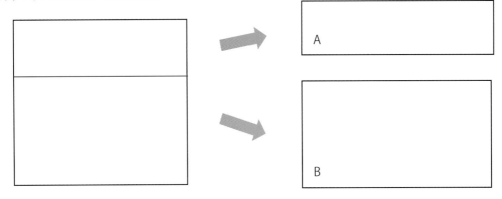

A

B

ミニヘリコプター

❶ A を3等分して左側を折る。

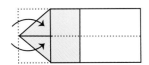

❷半分に折り目をつける。

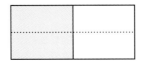

❸三角に折る。

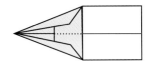

❹続けて三角に折る。

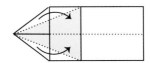

❺右側を切り，Y字に広げる。

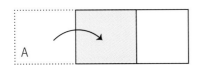

❻完成。

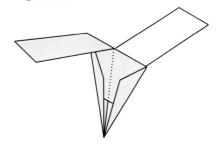

❶ B を半分に折る。

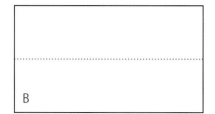

❷ 三角に折る。

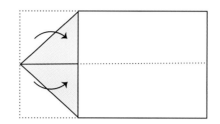

❸ 先を折り返す。

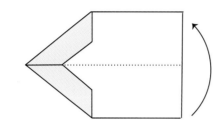

❹ 三角に折る。

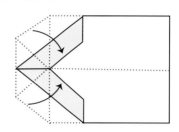

❺ 裏返して半分に折る。

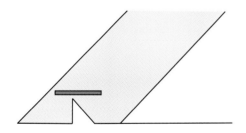

❻ 三角に切る。

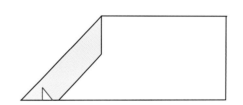

❼ ホチキスでとめる。

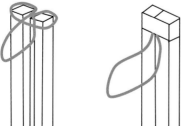

❽ 羽を折って完成。

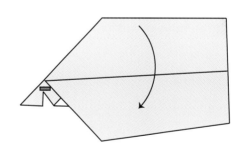

❾ 発射台をつくる。

A：割り箸１膳の場合　テープを巻く。　　　B：割り箸１本の場合　テープを巻く。

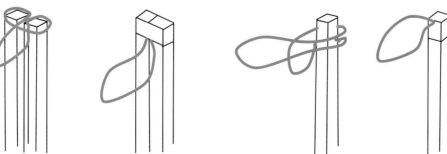

❿❻ で三角に切った切り込みに輪ゴムをかけて飛ばす。

63 | 飛ばして遊ぼう④　紙トンボ

材料 ボール紙，ストロー

用具 はさみ，ホチキス，セロテープ，ペン

内容 紙トンボ工作。

❶ボール紙を切る。
　※八つ切判を16等分：約3.4×19センチ

❷半分に折る。

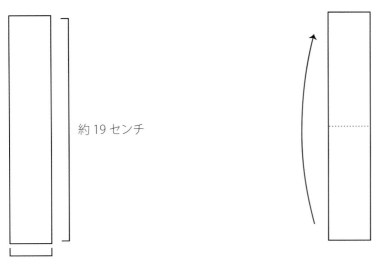

約 19 センチ

約 3.4 センチ

❸上の角を丸く切る。

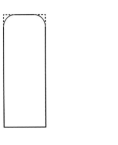

❹ストローの端に1センチほど
　切り込みを入れる。

❺ストローにボール紙の羽根をはさむ。

❻ホチキスでとめる。

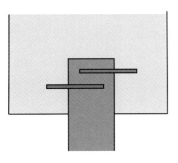

❼羽根を斜めに折る。

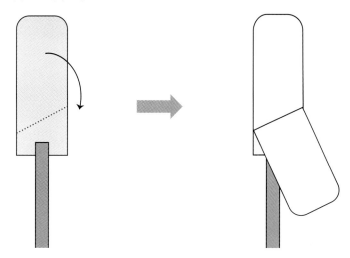

❽もう1枚も反対側に斜めに折る。

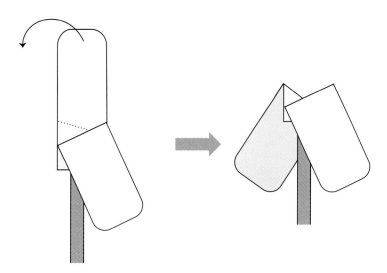

❾ペンなどで模様を描いてみよう。完成。

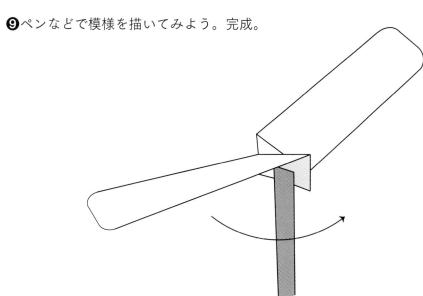

64 ｜ 飛ばして遊ぼう⑤　スペースシャトルⅡ

材料 飾りリング紙（折り紙），ストロー

用具 はさみ，セロハンテープ

内容 紙工作（スペースシャトル）。

❶飾りリング紙を2枚，A，Bとする。

2センチ

15センチ

❷Bを11センチに切る。残りは使わない。

11センチ　（使わない）

❸重ねないで輪をつくり，テープでとめる。

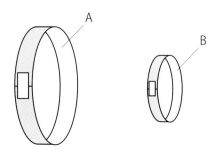

❹ストローの両端にAとBをテープでとめる。大きい輪の中に小さい輪が見えるように。

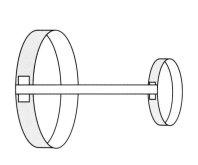

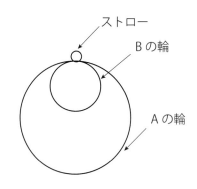

ストロー

Bの輪

Aの輪

❺小さい輪を前に向けて飛ばしてみよう。

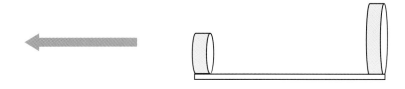

65 | 飛ばして遊ぼう⑥　ひらひらクルクル

材料　飾りリング紙（折り紙）
用具　ホチキス
内容　紙工作（ひらひらクルクル）。

❶飾りリング紙をたくさん用意する。

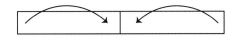

2センチ　　　　　　　　　　　　　15センチ

❷両端を中心に合わせる。重ねない。

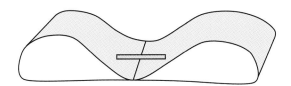

❸ホチキスでとめて完成。

❹たくさんつくって高く放り投げる。

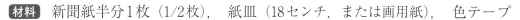

66 │ 飛ばして遊ぼう⑦　フリスビー

材料 新聞紙半分1枚（1/2枚），　紙皿（18センチ，または画用紙），　色テープ
用具 はさみ，セロハンテープ，ペン
内容 フリスビー工作。

❶新聞紙半分を横にして半分に折る。

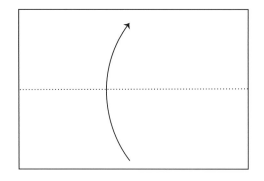

❷さらに半分に折る。

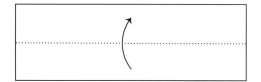

❸さらに半分に折る。

❹さらに半分に折っていく（全部で5回折る。幅1センチくらいになるまで）。

❺テープでとめる（5か所くらい）。

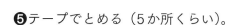

❻輪にして端をテープでとめる。

❼紙皿の縁を約3ミリ幅でぐるりと切る。

❽紙皿に絵や模様を描く。

❾紙皿をテープでとめる。
　※まず①〜④の位置をとめる。

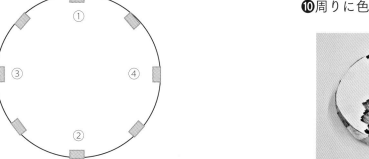

❿周りに色テープを巻いて完成。

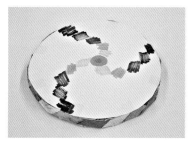

飛ばして遊ぼう⑧　UFOフリスビー

材料 紙コップ2個

用具 はさみ，ホチキス，ペン

内容 フリスビー工作。

❶紙コップ2個に切り込みを入れる。
　※8等分になるように。

※底は1センチくらい残す。

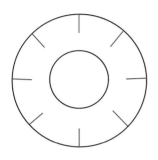
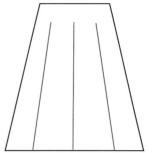

❷2個を合わせてホチキスでとめる。

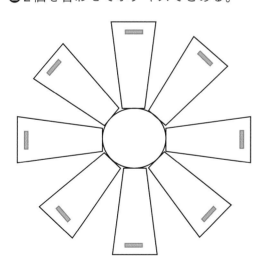

※空間をあける

❸ペンで絵や模様を描いて完成。

❹回転させながら飛ばす。

68 | 万華鏡をつくろう

材料 円筒形の菓子箱, ミラーシート, ボール紙, 透明プラ板, ビーズ, トレーシングペーパー, 色画用紙など

用具 はさみ, カッター, 両面テープ, セロハンテープ, ボンド（透明）, 油性ペン（細）, ポンチ, 金づち, カッターマット, 色テープなど

内容 万華鏡工作。

❶ボール紙を図のように3枚切る。

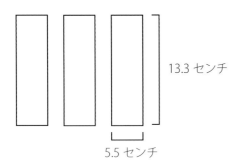

13.3 センチ

5.5 センチ

❷切ったボール紙をテープでとめる。

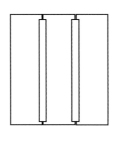

❸ミラーシートを貼る。
※テープを貼った面に貼る。

❹三角に折ってテープでとめる。
※ミラーシートが内側になるように。

❺菓子箱のふたにのぞき穴を開ける。
※カッターマットを敷いてポンチを使う。

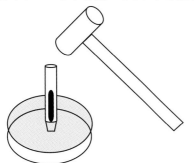

❻ふたに❹の三角柱をテープでとめる。

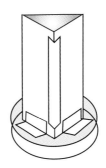

❼菓子箱の底をカッターで丸く切る。

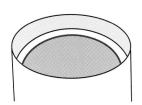

❽プラ板を丸く切り，ボンドでとめる。

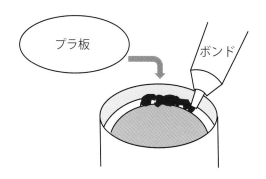

❾トレーシングペーパーに底の丸をなぞる。
　底の丸より1センチくらい大きい丸を描く。

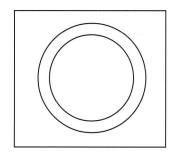

❿1センチくらいの間隔で刻み線を描き，はさみ
　で切る。

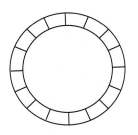

⓫底に両面テープを貼る。

⓬ビーズをプラ板の上に入れる。

⓭トレーシングペーパーをかぶせてとめる。

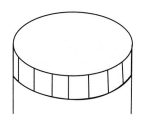

⓮ふたの三角柱を入れる。固定しない。

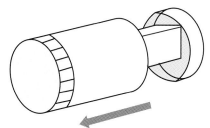

⓯装飾をして完成。

115

69 | 仮面をつくろう

材料 ボール紙（四つ切），コピー用紙（A4），新聞紙
用具 鉛筆，はさみ，のり，ホチキス，水彩絵の具，筆，パレット，筆洗器，ニス，ニス用の筆
内容 実際にかぶれる仮面制作。

❶アイデアスケッチをする。

正面	上面
右面	左面

❷ボール紙を２センチ幅に切る。

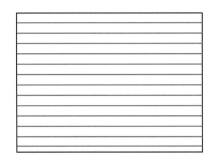

❸切ったボール紙をホチキスでとめて大まかな形をつくっていく。

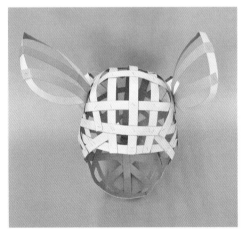

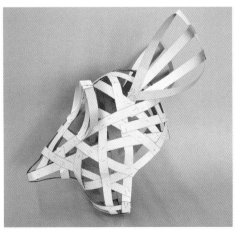
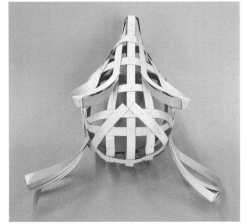

❹新聞紙をはさみで切る（64等分：約10×7センチ）。

❺切った新聞紙を❸のボールの紙の上にのりで貼っていく（表裏両面）。

❻コピー用紙をはさみで切る（8等分：約10×7センチ・16等分：約5×3.5センチ）

❼切ったコピー用紙を❺の新聞紙の上にのりで貼っていく（表面のみ）。

❽鉛筆で目・鼻・口などを下描きし，目のところに穴を開ける。
  ※かぶったときの自分の目と仮面の目が合うように。合わない場合は違和感がないようにする。
  ※穴を開けた目の部分はコピー用紙で補強する。表裏をはさむように。

❾水彩絵の具で色を塗る。

❿ニスを塗って完成。

作品例

材料 ベニヤ板（約A4サイズ／厚さ3ミリ程度）2枚

用具 鉛筆，糸のこぎり（電動または手動），木工ボンド，きり，洗濯ばさみ8個，紙ヤスリ，水彩絵の具，筆，パレット，筆洗器，水性ペン，ニス，ニス用の筆，ニスうすめ液

内容 木工パズルの制作。

❶アイデアスケッチ。
　※2つのタイプ（a.絵をパズルにするタイプ　b.ピースの形を活かしたタイプ）がある。

❷ベニヤ板に下描きをする。

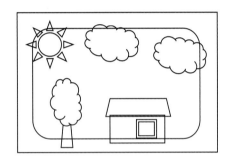

❸ピースの形を描く。

❹隅に1か所きりで穴を開ける。

❺❹の穴に糸のこぎりの刃を通して枠を切る。

❻糸のこぎりでピースを切る。

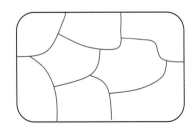

❼切ったピースと枠に紙ヤスリをかける。
　※ヤスリをかけ過ぎるとピースが小さくなって隙間ができるため，かけ過ぎに注意。

❽枠にボンドをつけてもう1枚のベニヤ板に貼る。洗濯ばさみではさむ。

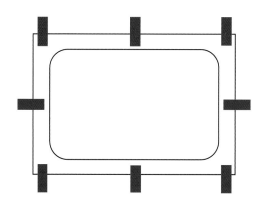

❾ボンドが乾いたら絵の具で色を塗る。部分的に水性ペンを使う。

❿ニスを塗って完成。

━━━━━━━━━━━━━━ 作品例 ━━━━━━━━━━━━━━

a. 絵をパズルにするタイプ

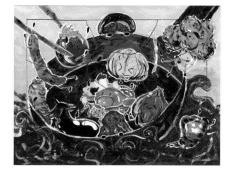

b. ピースの形を活かしたタイプ

71 | 空き瓶を使った風鈴① つり下げタイプ

材料 空き瓶（ガラスコップ※平行な部分があるもの），割り箸（1本），色画用紙，
ナット（ねじ），ひも（太さ1.5ミリ），カラーワイヤー（針金20番），折り紙

用具 ペンチ，のり，セロハンテープ（両面テープ），はさみ

内容 空き瓶の風鈴の工作。

❶アイデアを考える（アイデアスケッチ）。　　❷針金を30センチ程度に切る（2本）。

❸針金の中央で1回ねじる。　　❹瓶に針金を巻いてとめる。

 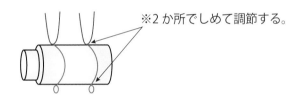

※2か所でしめて調節する。

❺針金を手でねじっていく。　　❻左右を合わせて手でねじっていく。

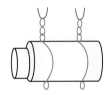 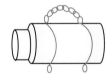

❼色画用紙で風受けをつくる。　　❽風受け（1枚）を割り箸にテープでとめる。
　※同じ形を2枚つくる。　　　　　　※割り箸は割って1本。
　　　　　　　　　　　　　　　　　　※もう1枚の風受けで割り箸をはさみ，のりで貼る。

❾瓶の大きさに合わせて割り箸を切る。

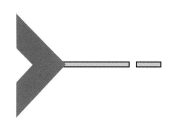

※割り箸ははさみでぐりぐりして折る（→p.100）。

❿ナット（ねじ）をはめこむ。

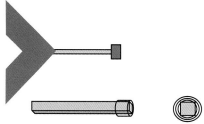

※ゆるい場合は割り箸にテープを巻く。

⓫バランスのとれる所にひもをつける。

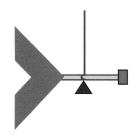

⓬ひもを針金につける。

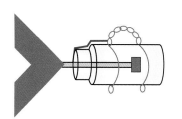

⓭瓶を折り紙などで装飾して完成。

作品例

解説

- 不要になった瓶を再利用する。
- 瓶は広口の円筒形で薄めのものを選ぶとよい。
- 透明な瓶の方が見た目が涼し気に感じる。
- 瓶に紙を貼り過ぎると音が鈍くなるため，装飾はほどほどに。
- 風受けは，後で紙を切ったり貼り付けたりして，大きさや重さを調整してバランスをとる。
- ナットの大きさや数を変えてバランスをとることもできる。

ペンチの使い方

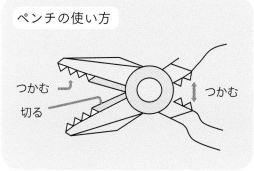

つかむ
切る
つかむ

72 | 空き瓶を使った風鈴① 卓上タイプ

材料 空き瓶（ガラスコップ），割り箸（1本），色画用紙，ナット（ねじ），折り紙
用具 のり，セロハンテープ（両面テープ），はさみ
内容 空き瓶の風鈴工作。

❶アイデアを考える（アイデアスケッチ）。

❷色画用紙で風受けを2枚つくる。

※瓶の口よりも大きくする。
※ナットをつけて立つように。
※大きすぎると倒れてしまう。

❸割り箸を風受けにつける。

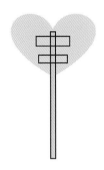

❹もう1枚の風受けを貼り，割り箸を切る。

※瓶の大きさに
　合わせて切る。

❺割り箸にナットをはめこむ。

❻瓶にさす。

❼折り紙などで装飾して完成。
※紙を貼り過ぎると音が鈍くなるので
　注意。

作品例

73 | 手漉きハガキの道具づくり

材料 牛乳パック（1リットル）2本分
用具 はさみ，ホチキス，定規，ポンチまたは目打ち，金づち，カッターマット，油性ペン
内容 手漉きハガキの制作セット工作。

❶牛乳パックをはさみで切る（2枚）。

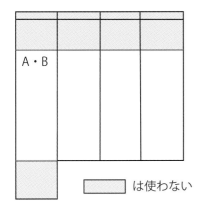

は使わない

❷Aを4等分に切る。

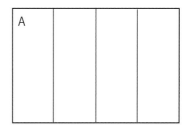

❸切った4枚のうち2枚を切って図のように折る。

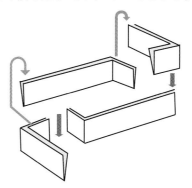

15センチ
5センチ
10センチ

※油性ペンで折り目を書き，はさみと定規で跡をつける。

❹折った4枚を重ねてホチキスでとめる。

※短い方を長い方の中へ奥まで入れる。

❺ホチキスでとめる。
※漉き枠として使う（→ p.125）。

❻Bを半分に切って穴を開ける。
※水漉しとして使う（→ p.125）。

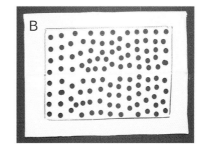

74 | 手漉きハガキ

材料 ティッシュペーパー，折り紙（15センチ角），広告紙などの紙

用具 漉き枠（p.123の❺，または木枠），水漉し（p.123の❻，または網），布（さらし），（巻きす），
プラコップ（大），バット，ミキサー，アイロン，板，クッキー型，新聞紙3日分

内容 手漉きハガキ制作。

紙料づくり（ハガキ2枚分）

❶材料を細かく手でちぎる。※2×2センチ程度，はさみは使わない。

    材料の目安：ティッシュペーパー：6回分（12枚）※重なっている2枚が1回分。
                新聞紙：1/2枚
                雑誌：2枚
                段ボール紙：10×10センチ程度
                牛乳パック：1リットル1本
                その他の紙：30×30センチ程度

❷❶でちぎった材料と水500ミリリットルをミキサーに入れる。
※色をつける場合は，折り紙（15センチ角）1枚を加える。

❸ミキサーのスイッチを入れる（30秒）。
※その後で折り紙をミキサーにかけると下の（例）のようにマーブル状の模様ができる。

（例）ティッシュペーパーに赤の折り紙を入れた場合の模様（秒数はミキサーにかける時間）

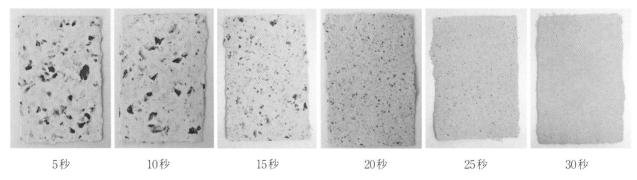

  5秒   10秒   15秒   20秒   25秒   30秒

※最初から折り紙を入れてミキサーにかけると，折り紙の色が薄まった色のハガキができる。
※絵の具で色をつけると，紙を漉くときにバットの水に色が出てしまい，次の人は水を入れ替えなければならなく
  なる。

❹紙料の完成。これをプラコップ2個に同量に分ける。

紙漉き

❶水漉しの上に布を置き，その上に漉き枠を置く。

(1) p.123の❺，❻を使う場合　　　　　　(2) 木枠，巻きす，網を使う場合

漉き枠　　　┌─────────┐　　　　　　　┌─────────┐
　　　　　　└─────────┘　　　　　　　└─────────┘　　漉き枠（木枠）
布　　　　────────────　　　　────────────　布
水漉し　　━━━━━━━━━━　　　　━━━━━━━━━━　巻きす
　　　　　　　　　　　　　　　　　　　　━━━━━━━━━━　網

❷バットに水を入れ，漉き枠の中に紙料を入れる。　❸枠を上下左右にゆらして均等にする。

❹バットから上げて手でしっかり押さえる。
※このときクッキー型などを利用して模様をつくる。

❺枠・水漉しを外し，布をかぶせて新聞紙にはさむ。
※新聞紙の上に板をおいて体重をかける。

❻新聞紙を交換してまた体重をかけ，3回繰り返す。

❼新聞紙から出して上下の布を乾いた布と取り替える。

❽布の上からアイロンをかける（約5分）。　　　❾布を外して乾かす。

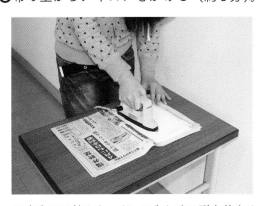

※完全には乾かないが，5分かけて形を整える。　※折り紙でつくった違う色の材料と合わせることもできる。

材料 紙粘土，ボール紙，布，布テープ

用具 はさみ，ヘラ，水彩絵の具，筆，パレット，筆洗器，裁縫道具，ボンド，ニス，ニス用の筆，ニスうすめ液

内容 紙粘土の腕人形制作。

❶アイデアを考える（アイデアスケッチ）。※顔は前後左右，上面を考える。

❷ボール紙を切って芯をつくる（3つ）。

7センチ程度

12センチ程度

❸ボール紙を指の太さに合わせて筒にする。

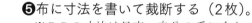

※少し太めにする。

※布テープを巻く。

❹できた筒を芯にして紙粘土で頭，手をつくる。

※首と手首も長めにつくる。

※紙粘土が乾いたら色を塗り，さらにニスを塗る。

❺布に寸法を書いて裁断する（2枚）。

※ここの寸法は目安。自分の手に合わせて寸法を決める。

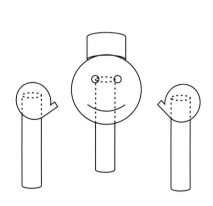

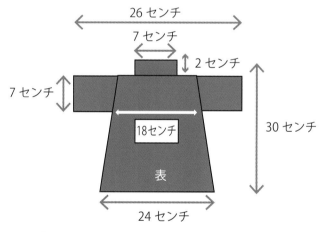

26センチ

7センチ

2センチ

7センチ

18センチ

30センチ

表

24センチ

❻布を中表にして2枚を縫い合わせる。

裏

❼首，袖，裾を折り返す。

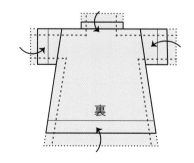

裏

❽折り返したところを筒になるように縫う。

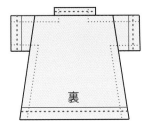

❾表を出す。

❿頭と手を入れてボンドで接着し，完成。
※芯のボール紙が長過ぎたら，はさみで切る。

解説

・人形劇のストーリーを考えて，それに合わせてグ
　ループで担当を決めてつくる。
・紙粘土は，軽い方が動かしやすい。
・指は，人指し指を頭，中指と親指を手に入れる。
・自分の指の太さに合わせて芯をつくる。
・服の寸法も自分の腕に合わせて調節する。
・手縫いでなく，ミシンを使ってもよい。
・完成したら劇の発表会をやりましょう。

作品例

76 | 走るレースカー

材料 ボール紙，段ボール（紙皿〔18センチ〕），輪ゴム，ストロー，竹串

用具 はさみ，セロハンテープ，パンチ，目打ち

内容 ゴム動力で走る車の工作。

❶ボール紙を半分に折り，斜めに切る。

※前に切り込みを入れる。

❷パンチで穴を開ける。

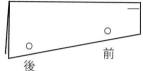

❸段ボールで車輪を大小それぞれ2個つくる。※円は丸い物を型どる。

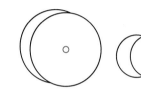

※後輪は紙皿，前輪は段ボールを巻いてもよい。

【円の中心の求め方】

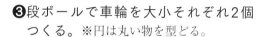

❹中心に穴を開け，ストローを通し，先を割ってテープでとめる。

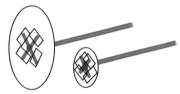
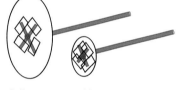

※車体に通して両輪をつくる
　（後輪はストローに竹串を通す）。

❺後輪の車軸に輪ゴムを通してテープでとめる。
※輪ゴムは4本くらいつなげる。

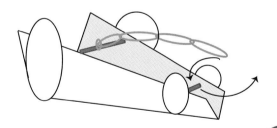

❻輪ゴムを前輪のストローにくぐらせて，前の切り込みにかけて，完成。

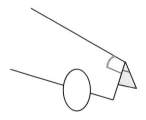

（作品例）

材料 土粘土，新聞紙

用具 ヘラ，粘土板

内容 土粘土を使った土鈴制作。

❶アイデアを考える（アイデアスケッチ）。※前後左右，上面を考える。

❷直径1センチ程度の粘土玉をつく
り，新聞紙で包んでいく。

8センチくらい

❸❷とは別の土粘土を約1センチの厚さにのばす。

❹のばした粘土で❷の
新聞紙玉を包む。

❺ヘラで切れ込み（鈴口）
を開ける。

❻粘土で装飾をする。

※粘土の厚みが均等になるように。　※切れ込みは大きく開ける。ただし中の玉が出ないように。

❼2週間ほど自然乾燥させる。

❽窯や野焼きで24時間程度かけて850℃まで温度を上げ，焼成して完成。

・・・・・・・・・・・・・・・・ 作品例 ・・・・・・・・・・・・・・・・

78 | 抽象彫刻をつくる

材料 石膏（紙粘土など合成粘土），針金，木材，シュロ縄（麻ひも），スタッフ（麻），板
用具 ヘラ，粘土板，ボール，おたま，やすり，おろし金
内容 石膏直づけ（紙粘土など合成粘土）による抽象彫刻制作。
　　※石膏のかわりに紙粘土や合成粘土でもできる。粘土の場合はスタッフは使わない。

❶アイデアスケッチ。※前後左右，上面を考える。

❷針金や木材で芯棒をつくる。

❸芯棒にシュロ縄（麻ひも）を巻く。

❹スタッフに石膏をつけてかぶせていく。

❺その上から石膏をつけていく。

解説

石膏の溶き方
①ボールに水を入れる。
②水が見えなくなるまで石膏をおたまで少しずつ入れていく（水：石膏が約１：１となるように）。
③へらで切るように混ぜる。
※余った石膏は排水溝に流さない（排水溝がつまるため）。

❻さらに石膏をつけたり，やすりやおろし金で削ったりして形をつくって完成。

前面

側面と芯棒

━━━━━━━━━ 作品例 ━━━━━━━━━

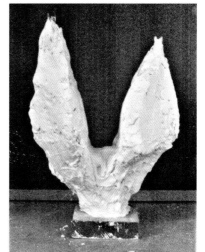

【引用文献・参考文献】

東山 明（編）（1991）．『図工科ヒット教材集 3　デザイン・工作編』明治図書出版

永井肇他（編著），鰺坂二夫（監修）（1995）．『表現・幼児造形［実習編］』保育出版社

犬飼聖二（作），新沢としひこ（絵）（1988）．『ゆうゆう工作らんど　あしたもあそぼ 2』ひとなる書房

野村知子・中谷孝子他（編著）（2002）．『幼児の造形——造形活動による子どもの育ち』保育出版社

本郷折紙研究会（編）（2004）．『おりがみときりがみ——おってきってあそぼう！』大泉書店

【図版・カバー】

学生制作作品

出村昭雄制作作品

著者制作作品

【著者紹介】

伊東知之（いとう・ともゆき）

現職：仁愛大学人間生活学部子ども教育学科教授，地域共創センター長。福井大学教育学部非常勤講師。

学歴：福井大学教育学部美術科卒業，筑波大学大学院芸術研究科美術専攻修了。芸術学修士。

専門領域：彫刻，美術教育

主な作品：『どうぶつ讃歌』（米松）福井大学教育学部附属義務教育学校設置／福井県福井市　1991 年

　　『座る』（石膏）日本アマチュア秀作美術館収蔵／新潟県佐渡市　1992 年

　　『はじまりの形』（ブロンズ）福井市西公園設置／福井県福井市　1993 年

　　『立 ' 93』（ブロンズ）山形県郷土館「文翔館」設置／山形県山形市　1999 年

　　『生彩』（ブロンズ）大野市三番ポケットパーク設置／福井県大野市　2001 年

　　『仁愛兼済』（ステンレス，ブロンズ，御影石）仁愛女子短期大学設置／福井県福井市　2017 年

主な著書：『表現・幼児造形［実習編］』（共著，保育出版社，1995 年）

　　『幼児の造形——造形活動による子どもの育ち』（共著，保育出版社，2002 年）

　　『新米パパの子育てブック パパチケット——今日からはじめるパパライフ♪』（共著，福井県健康福祉部子ども家庭課，2010 年）

　　『子どもの事故防止に関するヒヤリハット体験の共有化と教材開発——保育・幼児教育の現職者と実習大学生のキャリア発達から』（共著，福村出版，2017 年）

　　『伊東知之彫刻作品集』（仁愛大学，2021 年）

本書の刊行にあたって，学校法人福井仁愛学園後援会より令和4年度研究成果発表経費助成金交付を受けました。謹んでお礼申し上げます。

造形表現・図画工作・美術

◆描く　つくる　育つ ◆ 78の技法

2023年2月25日　初版第1刷発行

著　者　伊東知之
発行者　宮下基幸
発行所　福村出版株式会社
　　　　〒113-0034　東京都文京区湯島2-14-11
　　　　電話　03-5812-9702
　　　　FAX　03-5812-9705
　　　　https://www.fukumura.co.jp
印刷・製本　中央精版印刷株式会社